中国式现代化的浦东样本

打造社会主义现代化建设引领区

徐建 张波 游德才 伋晓光 ◎ 著

上海人民出版社

出版说明

智力资源是一个国家、一个民族最宝贵的资源，中国特色新型智库是智力资源的重要聚集地。党的十八大以来，习近平总书记围绕建设中国特色新型智库、建立健全决策咨询制度，先后发表一系列重要讲话，作出一系列重要指示批示，为全面加强中国特色新型智库建设指明了方向、提供了根本遵循。党中央从推动科学决策民主决策、推进国家治理体系和治理能力现代化、增强国家软实力的战略高度，就中国特色新型智库建设作出一系列重大部署。中国特色新型智库建设进入高质量发展的"快车道"。

作为哲学社会科学的学术重镇，上海在决策咨询研究和智库建设方面一直走在全国前列。目前，全市拥有上海社会科学院、复旦大学中国研究院2家国家高端智库建设试点单位，上海全球城市研究院、上海国际问题研究院等16家市级重点智库，上海市科学学研究所等10家市级重点培育智库，初步形成以国家高端智库为引领，市级重点智库为支撑，其他智库为补充，结构合理、分工明确的新型智库建设布局体系。

"十四五"时期，在市委市政府的坚强领导下，全市新型智库坚持立足上海、面向全国、放眼世界，主动对接中央和市委重大决策需求，围绕关系国家和上海发展全局、影响长远的一系列重大问题，积极建言献策，提出真知灼见，取得了一大批具有重要学术价值、重大现实指导意义的智库研究成果，有力服务了国家战略，有效助推了上海发展。

当前，上海新型智库建设蹄疾步稳、成效明显，智库品牌不断提升、更加闪亮。为进一步加强智库成果的宣传推介，更好发挥智库资政启民的作用，在市委宣传部和市哲学社会科学工作领导小组的领导下，市社科规划办每年面向全市公开遴选一批优秀智库研究报告，以"上海智库报告"为统一标识，由上海人民出版社集中出版。入选报告紧扣国家战略和市委市政府中心工作，主题鲜明、分析深刻、逻辑严密，体现鲜明的时代特征和创新意识，具有较强的理论说服力、实践指导作用和决策参考价值。"上海智库报告"代表上海新型智库的最高研究水平，是上海全力打造的新型智库建设高端品牌。

2022年度"上海智库报告"聚焦浦东新区打造社会主义现代化建设引领区、构建现代化经济体系、推进高水平改革开放、超大城市现代化治理等一系列重大主题，突出强调以落实国家重大战略任务为牵引、以服务上海经济社会发展为导向，更加注重报告内容的战略性和前瞻性，引导全市新型智库努力为新时代国家和上海的经济社会发展资政建言，为上海加快建设具有世界影响力的社会主义现代化国际大都市提供有力的智力支撑。

上海市哲学社会科学规划办公室

2022年9月

目 录

第一章　社会主义现代化建设引领区：渊源、内涵和条件 / 1
　　第一节　引领区建设的历史根基：浦东开发开放的阶段演进 / 1
　　第二节　浦东的"引领"基因及逻辑 / 6
　　第三节　社会主义现代化建设引领区的全新内涵 / 10
　　第四节　浦东打造引领区的内外部变量与条件 / 19

第二章　浦东打造社会主义现代化建设引领区的路径选择 / 26
　　第一节　三大推进步骤 / 26
　　第二节　八大战略路径 / 27
　　第三节　保障措施 / 45

第三章　以创新为根基，打造现代产业体系 / 47
　　第一节　以数字化发展壮大经济驱动力 / 47
　　第二节　以新材料夯实硬核产业基础 / 61
　　第三节　大企业开放式创新及其对浦东的启示 / 80
　　第四节　以产业园区助推浦东全球功能提升 / 91

第四章　以高水平为指向，推动浦东深度链接全球 / 104
　　第一节　以"五大联动"促进开放战略融合 / 104
　　第二节　借助 RCEP 构建浦东对外开放新优势 / 109
　　第三节　依托自贸试验区打造扩大国内需求的"典范引领" / 117
　　第四节　以新模式应对新变化，推动浦东高水平利用外资 / 126

第五章　以人民为中心，开创人民城市建设新格局 / 139
第一节　重塑城市与养老的关系——对浦东养老发展的再思考 / 139
第二节　建设人民属性的世界会客厅 / 146
第三节　聚焦城市治理实践，提升浦东城市运行工作体系效能 / 159

第六章　以区域为依托，更好发挥一体化进程中的浦东作用 / 167
第一节　对区域一体化规律和规则的认识 / 167
第二节　长三角一体化赋予浦东新使命 / 172
第三节　浦东在长三角一体化中的定位 / 174
第四节　更好发挥浦东在长三角一体化中积极作用的对策建议 / 176

第七章　以战略承载为动力，推动政府改革纵深开展 / 183
第一节　浦东近年来推动政府职能转变的基本逻辑 / 183
第二节　浦东近年来推动政府职能转变的基本特征 / 186
第三节　浦东行政体制改革的主要历程与经验 / 189
第四节　当前浦东行政体制存在的瓶颈制约 / 192
第五节　浦东新区新一轮行政体制改革的目标、原则和思路 / 200
第六节　引领区背景下浦东新区行政体制改革十大行动计划 / 202

附　录　在沪跨国公司对浦东打造社会主义现代化建设引领区的评价和相关建议 / 212

后　记 / 221

第一章

社会主义现代化建设引领区：渊源、内涵和条件

浦东因国家战略而生，在服务大局中持续发展。自 1990 年 4 月 18 日开发开放以来，浦东就成为中国改革开放伟大历史进程的重要缩影，对上海和全国发展起到了独特的前瞻探索和战略促进作用。2021 年 7 月 15 日，《中共中央 国务院关于支持浦东新区高水平改革开放打造社会主义现代化建设引领区的意见》公布。随后，上海举行推进浦东新区高水平改革开放打造社会主义现代化建设引领区动员大会，并印发支持浦东打造引领区的相关行动方案；浦东新区也制定了《浦东新区推进高水平改革开放打造社会主义现代化建设引领区实施方案》。这标志着浦东在 31 年开发开放的基础上，立足新发展阶段，肩负起新使命，踏上了更高水平改革开放的新征程。在宏观目标和微观举措既定的情况下，如何进一步在中观层面构建具有方法论意义的推进路径体系和战略重点，从而形成逻辑自洽、完整可操作的引领区建设框架，就显得尤为重要。

第一节　引领区建设的历史根基：浦东开发开放的阶段演进

浦东打造社会主义现代化建设引领区，具有坚实的基础，经过 31 年发展，浦东已经从过去以农业为主的区域，变成一座功能集聚、要素齐全、设施先进的现代化新城。大体来看，顺应 20 世纪 90 年代后中国改革开放的总体逻辑演进，浦东开发开放进程可以分为三个主要阶段。

一、以率先开放、快速发展为核心的基础建设期

这一阶段主要从 1990 年至 2001 年,即浦东正式开发开放到中国加入世界贸易组织(WTO)。该阶段的主要任务是彻底改变浦东几乎空白的发展面貌,全面推进各项建设。1993 年 1 月,浦东新区党工委、管委会挂牌成立;2000 年 9 月,浦东新区建政,标志着浦东作为一级完整的地方政府开始运作。

(一)利用倾斜政策启动基础建设

浦东充分利用税收减免、项目审批、投融资等方面的支持政策启动区域建设。1990 年 4 月,中央宣布开发浦东的 10 大政策;1992 年 3 月,赋予浦东五类项目的审批权限,增加五个方面资金筹措渠道;1995 年 6 月,出台支持浦东扩大对外开放的新功能性政策,浦东获得在金融和贸易等领域率先推进改革的试点权。浦东先后设立陆家嘴、外高桥、金桥和张江等开发区,集聚各类生产要素、企业和机构。中央各部委和全国省区兴起到浦东投资兴业的热潮,省部楼宇鳞次栉比。开展了总投资 1250 多亿元的两轮十大基础设施工程建设,包括杨浦大桥、南浦大桥、浦东国际机场、外高桥港区、东海天然气工程、外高桥发电厂、轨道交通 2 号线等重大项目,新增道路总长逾 1000 公里。

(二)创新运用改革方式推进开发

以改革创新释放要素活力。在土地方面,率先全面推行土地使用权有偿转让,探索形成政府规范土地一级市场、放开搞活土地二级市场的"资金空转、批租实转、成片开发"的开发模式;在资金方面,综合使用土地批租收入、财政信贷支持、发行债券和举借外债、组建股份公司吸收社会资金、国家有关部门参与部分项目投资等多元方式;在征地劳动力安置方面,形成市场主导的"铁保障、泥饭碗"就业安置机制,统一办理养老和医疗等社会保障,提供就业培训,市场化就业。

（三）积极培育城市功能

在中央和上海市支持下，中国人民银行上海总部等金融机构，上海市房地产交易中心、上海市粮油交易所、上海市产权交易所、上海人才市场等要素市场，西门子、汤臣、泰国泰华银行、日本八佰伴、阿尔卡特等跨国公司地区总部，以及上汽和宝钢集团等内资企业集团总部，陆续落户浦东。同时，延安路隧道免费通行、"蓝印户口"等配套政策，也促进了人口的东进和浦东居住、消费功能的培育。

二、以开放促改革、改革促发展为核心的全面开发期

这一阶段从2001年至2012年，以综合配套改革推进和浦东、南汇两区合并为重要标志，以全面推动经济增长和功能建设为主要任务，浦东初步实现了从重点园区开发为主向全域综合功能开发的转变，从生产功能开发为主向生产、生活、生态功能全面发力的转变，从城市地区开发为主向城乡一体发展的转变。

（一）开展综合配套改革试点

中国入世，标志着中国进一步融入全球经济运行体系，国际化倒逼市场化改革，要求接轨国际规则，完善市场经济运行体制机制。2005年6月，浦东获批率先开展综合配套改革试点。浦东立足"三个着力"要求，围绕着力转变政府职能，开展了"一门式"审批服务机制，企业注册登记工商、税务、质监"三联动"改革，"告知承诺"审批制，外商投资企业并联审批，行政审批与技术审批分离等改革试点；围绕着力转变经济发展方式，开展了跨国公司外汇资金管理、跨境贸易人民币结算、融资租赁业务创新、期货保税交割、进口无纸化通关、启运港退税、水水中转集拼、知识产权质押融资、中小企业融资银政合作等创新实践；围绕着力转变城乡二元结构，开展了剥离街道招商引资职能、教育"管、办、评"改革、全科医生家庭责任制、创新社会组织培育机制、镇管社区、村级基层自治制度等试点。

（二）全面推进城市功能开发建设

依托世博会筹办、举办机遇，浦东加快完善功能性、枢纽型、网络化的基础设施体系，机场、隧道、地铁建设实现大跨越。初步形成包括电子信息、成套设备、汽车及生物医药、新能源、民用航空等的"三大三新"产业发展格局。上海光源、上海超算中心等重大科学设施开建。上海科技馆、东方艺术中心、中国航海博物馆、浦东图书馆、源深体育中心等功能性民生项目建成。央企总部片区、世博文化展览群等有力充实了后世博区域开发。

（三）全力打造"四个中心"核心功能区

2009年，中央出台支持上海建设国际金融中心和航运中心"两个中心"建设的意见。浦东围绕"四个中心"建设，加快构建以金融、航运、贸易、先进制造和现代服务业等为重点的经济体系。在此期间，中国金融期货交易所、迪士尼、商用飞机研发和总装制造、通用汽车设计与工程技术中心等机构和项目落地，上海中心、上海船厂地块等一批功能性项目加快建设，浦东机场综合保税区封关并正式运行，跨国公司总部机构快速集聚，一般贸易、服务贸易、新型贸易实现迅猛增长。国家蛋白质科学研究上海设施项目等一批国家级大科学装置开工。原南汇区划入浦东新区，标志着浦东开发开放有了更大的空间承载。

三、以全面深化改革、深度接轨国际为核心的能级提升期

这一阶段开始于党的十八大，以中国（上海）自由贸易试验区设立为重要标志，以自贸试验区、全球科创中心、临港新片区建设等国家战略为关键动力，浦东全面深化改革、深度接轨国际，改革和开放联动互促，期内实现了GDP过万亿（元）和人均GDP过两万（美元）的重要突破。

（一）以自贸区建设撬动改革开放新局面

2013年9月29日，中国（上海）自由贸易试验区正式设立，为全国首个；2014年12月，上海自贸试验区扩区；2019年8月20日，上海自贸试

验区临港新片区揭牌成立。浦东按照大胆试、大胆闯、自主改的要求，围绕制度创新，营造法治化、国际化、便利化营商环境，加速构建开放型经济新体制。确立以负面清单管理为核心的投资管理制度；进一步扩大服务业制造业领域开放；实施国际贸易"单一窗口"管理制度；深化商事登记制度改革，推进"证照分离"改革试点，创新推出的"一业一证"上升为国家级改革；建立本外币一体化运作的自由贸易账户制度，不断拓展账户功能；确立适应更加开放环境和有效防范风险的金融创新制度；确立以规范市场主体行为为重点的事中事后监管制度，构建市场主体自律、业界自治、社会监督、政府监管"四位一体"的事中事后监管格局，以及"双告知、双反馈、双跟踪"和"双随机、双评估、双公示"的"六个双"政府综合监管机制；建立分类综合执法新体制，率先开展市场监管、知识产权、城市管理领域的综合执法改革试点；推进经济治理、社会治理和城市治理统筹推进和有机衔接新模式。

（二）加快建设全球科创中心核心承载区

张江综合性国家科学中心全面启动，上海光源二期、超强超短激光实验装置、活细胞成像平台等一批重大科技基础设施落地浦东张江地区。完成张江科学城规划编制和提质扩区，启动一批城市功能配套项目。科技成果转化机制不断完善，创新实施药品上市许可持有人制度和医疗器械注册许可人制度。建立张江跨境科创监管服务中心，设立中国（浦东）知识产权保护中心。成立浦东新区海外人才局，制定发布浦东新区提高海外人才出入境和工作便利度的"九条措施"，推出放宽外国留学生直接就业，试点人才办事窗口"无否决权"改革等创新举措。"中国芯""创新药""智能造""蓝天梦""未来车""数据港"等六大硬核产业，以及集成电路、人工智能和生物医药三大先导产业蓬勃发展。

（三）推动"四个中心"核心功能区全面升级

金融机构集聚效应进一步增强，金融科技等业态持续发展，金融风险防控能力同步增强，金融国际化水平进一步提升，资本、期货市场等规模保持全球前列，沪港通、上海保险交易所、上海黄金交易所国际板、上海国际能源交易中心等开通运行，中国信托登记公司、金砖国家新开发银行等机构落户运营。陆家嘴金融城知名度和影响力显著提升。航运枢纽功能进一步加强，集装箱吞吐量连续位居全球第1，货邮吞吐量全球第3；亚洲船级社、中国贸促会上海海损理算中心等高端航运功能性机构相继落户，航运经纪、海事服务、船舶融资、航运保险加快发展。贸易进一步转型升级，服务贸易增长快于货物贸易，转口贸易、离岸贸易、跨境电商等快速发展。跨国公司总部数量持续增加，功能不断升级，投资、运营、销售、结算中心作用显著提升。

第二节 浦东的"引领"基因及逻辑

概念是思维的起点。引领，基本含义是引导和带领。引领区，就是具有引导和带领功能的区域，而引领的客体或对象则是其他区域或者整体区域。事实上，作为一个具有战略属性的地方区域，1990年浦东开发开放的目标设定中，就蕴含着强烈的引领意涵。浦东随后30余年的开发开放进程，以综合配套改革、自贸试验区和临港新片区设立等为核心，以数十个全国"第一"或首创为标志，持续发挥着对全局的引领作用。

一、浦东开发开放的引领初衷

回望浦东开发开放前的谋划和决策过程，可以发现，无论是基于上海城市发展战略，还是上升到国家战略层面，浦东的价值和意义始终是超越自身一域，具有明确的更大范围的引领作用。进一步而言，从全国第一个新区，到现在19个新区遍布全国，浦东新区的诞生就是引领的体现。

（一）基于城市本体的引领

新中国成立后，对浦东发展的谋划，最初动因来自上海破解城市发展瓶颈的谋划，在以"十个第一和五个倒数第一"为核心表征的失衡状况下，打造新的城市发展空间成为重要共识。20世纪80年代初，上海组织全市力量研究城市发展战略方向，在北上、南下、西扩、东进4套方案中，东进开发浦东方案最终胜出。1984年12月，上海市政府和国务院调研组提交的《上海经济发展战略汇报提纲》中，正式提出上海的城市和工业布局"重点是向杭州湾和长江口南北两翼展开，创造条件开发浦东，筹划新区的建设"。1986年，上海市在上报给国务院的《上海市总体规划方案》中，再次提出浦东新区开发设想。1987年6月，开发浦东新区中外联合咨询小组成立，副市长倪天增任中方组组长，美籍华人林同炎任外方组组长，原市长汪道涵任总顾问，形成浦东开发的规划构想。1988年5月，市委书记江泽民在"浦东新区开发国际研讨会"上指出："我们先后采取过多种办法来改造老市区，但耗资巨大而困难较多。十分明显，上海要建设社会主义时代的太平洋西岸最大的经济贸易中心之一，不开发浦东，只靠老市区是不容易实现的。"这其中蕴含着"东西联动、以增量空间带动存量空间"的城市发展智慧。

（二）基于国家战略的引领

20世纪90年代初，中国面临极其复杂严峻的国际环境，苏联解体、东欧剧变，长达数十年的冷战结束，西方重新制裁和封锁中国。在改革开放前行还是倒退的重大历史关头，中央坚定对外开放的战略意志，并决定打浦东开发的王牌。1990年4月18日，浦东正式开发开放。邓小平强调："要抓紧浦东开发，不要动摇，一直到建成。"浦东开发开放向世界展示了中国继续打开大门、坚定融入世界、走改革开放之路的决心，也彻底改变了上海在国家改革开放格局中的战略位置，从"后卫"推至"前锋"。1990年6月2日，中共中央、国务院批复《关于浦东开发的请示》，指出开发开放浦东是一件关系全局的大事，一定要切实办好。1991年，邓小平再次指出："开发浦东，这个影响就大了，不只是浦东的问题，是关系上海发展的问题，是利用上海这个基地发展长江三角洲和长江流域的问题。""开发浦东、振兴上海、服务全国、面向世界"，也成为指导浦东开发开放的重要方针。

二、浦东"引领"的逻辑转变

区域发展是一个渐进持续的过程，在不同阶段会受不同逻辑的主导。对于一个承载战略使命的区域而言，始终兼具自我发展和服务全局的逻辑线，但在发展早期往往体现为增长逻辑，集聚效应凸显，其后随着基础厚植，更强调功能逻辑，并体现为辐射带动。

（一）浦东开发开放早期的主导逻辑

从 1990 年开发开放，到 2013 年中国（上海）自由贸易试验区设立，浦东发展的主线在于在新空间内、新模式下，通过超级全球化红利，在国际大循环中书写增长奇迹，并初步形成高外向度的城市功能体系，即：在增长中孕育功能。

在这一过程中，通过"东西联动"，浦东为浦西人口疏散、传统工业东迁提供了战略空间，使上海彻底摆脱了 20 世纪 80 年代以来的困难局面。浦东大量外资的引进，优化了上海产业布局，提升了城市综合功能；高强度的基础设施建设，构建了辐射周边、联通全球的网络通道，推动上海从传统工业城市向经济中心城市升级。大致而言，浦东以占全市 1/5 的面积、1/4 的人口，贡献了 1/3 的经济总量，是上海经济的重要增长极、发动机和压舱石。在浦东，率先建立了国家级要素市场，率先进行了基础设施建设投融资体制改革，率先推进了国有土地有偿使用，产生了我国第一个保税区，第一个金融贸易区，第一个综合配套改革试验区，第一个自由贸易试验区，浦东发挥了先行先试的窗口带动作用。

（二）2013 年以来浦东发展的逻辑转变

党的十八大以来，随着中国经济发展步入新常态，逐步从高速增长转变为中高速发展，国家大力推进供给侧结构性改革。浦东也加速从投资驱动发展阶段转向创新驱动发展阶段，2013 年增速降至 9.7%，步入个位数区间，此后呈逐年回落并趋稳态势，但经济总量 2018 年首次突破万亿，占全市的比重提高至 1/3，人均 GDP 也迈过 2 万美元门槛。

首个自贸试验区以及后续临港新片区的获批，标志着浦东率先从要素型开放向制度型开放跃升；而全球科技创新中心核心承载区的新定位，意味着浦东发展动能的深刻转变。负面清单、国际贸易单一窗口、自由贸易账户、科创板、大科学装置、国家实验室等制度创新和平台创设，有别于传统的优惠政策倾斜和片区开发模式，事实上是以功能塑造驱动发展，充分发挥浦东国内大循环的中心节点和国内国际双循环的战略链接角色作用。

三、逻辑转变的本质

增长逻辑体现的是涓滴效应，浦东较好地发挥了市域空间内的"东西联动"作用，以 1/3 体量对上海形成有力支撑；而功能逻辑释放的则是乘数效应，战略性功能具有显著的全局带动作用，助推改革开放以更大力度纵深推进。对浦东而言，功能是超越数量和规模的核心特质，是打造"一直被模仿、从未被超越"战略优势的根本所在。这一逻辑转变具有必然性，既是区域发展的客观规律使然，更是浦东长期作为国家战略承载区域，在国家新发展阶段承担的新历史使命。

表 1-1　浦东发展进程中的不同逻辑对比

	增长逻辑	功能逻辑
时间阶段	1990—2013 年	2014 年至今
关键表征	1990—2000 年平均增速 20.4%、2001—2012 年平均增速 13.6%	人均 GDP 超过 2 万美元，GDP 超万亿
核心任务	发展第一要务，基础建设、产业发展	提高能级与核心竞争力
作用形式	要素资源集聚为主	集聚与辐射并重，辐射中发展
区域价值	示范效应、增长极效应、涓滴效应	链接带动效应、乘数效应、杠杆效应
所需支持	优惠政策、发展权限	载体平台、制度创新空间

也就是说，浦东的引领逻辑从增长为核心转变到以功能为核心，是浦东自身变化和上海、全国大局变化共同作用的结果，体现了发展阶段的迭代升级和发展质量效益的持续优化。这种逻辑的转变并非简单的二分法或绝对扬弃，事实上，这是两条始终交织的逻辑线。在高速增长期，浦东即开始逐步发挥功能作用，而在功能主导期，浦东作为上海重要增长极的地位和使命依然没有变化。真正的关键在于，是什么驱动着发展，驱动发展的主导因子是什么？

第三节 社会主义现代化建设引领区的全新内涵

理解浦东新定位、准确把握社会主义现代化建设引领区，必须置于国家发展的整体格局和历史演进的纵深格局。

一、新区开发与引领区设立的不同背景

与30年前相比，社会主义现代建设引领区新定位具有截然不同的时空背景。

首先，外部形势不一样。开发开放之初，以全球价值链分工为核心的当代全球化正开始步入高潮，有利于浦东在融入世界大循环中实现快速发展。而目前世界处于百年未有之大变局，这一轮全球化已近尾声，面临方向尚不明朗的深刻转型，且伴随着大国竞争加剧等国际政治形势的挑战。

其次，国内格局不一样。开发开放之初，中国正处于计划与市场经济的激烈争论，社会主义市场经济体制尚未确立，改革举步维艰。当前，中国正迈向中华民族伟大复兴，统筹推进经济建设、政治建设、文化建设、社会建设、生态文明建设"五位一体"总体布局，加快构建以国内大循环为主体、国内国际双循环相互促进的新发展格局。

第三，浦东发展不一样。开发开放之初的浦东，发展基础几为空白，经

济发展、壮大规模是首要任务。经过 30 余年发展，浦东已跨过万亿规模，城市功能体系初步形成，以六大"硬核"为主的现代化产业体系具备强大竞争力，已经具备释放更大效应、发挥更重要作用的实力基础。

最后，区域竞合不一样。30 余年前的长三角乃至全国不同区域间，整体处于竞相发展、竞争大于合作的局面，市场分割、要素流动不畅，缺乏能够承担辐射带动角色的强大龙头核心。目前，区域一体化加速推进，城市群和大都市圈成为新的竞争单元，核心城市、特色城市和普通城市之间分工逐渐细化。

在这样的全新背景下，社会主义现代化建设客观上需要浦东角色迭代、作用升级，浦东也有条件为国家发展全局接续发力、锐意精进，这是"中央—地方"纵向良性循环框架下的"需求—供给"关系新演进。

二、中国式现代化道路中的浦东引领

（一）作为现代化探索的浦东实践

迈向现代化，是世界各国或地区不可剥夺的普遍发展权利。但现代化的道路选择，则存在差别化的探索。中国的社会主义现代化进程是前无古人的事业，不能无视国情简单照搬西方原理，而是必须探索出一条保持政治和社会稳定、经济发展和人民生活持续提高的新路，这便是中国式现代化道路。

对于一个像中国这样的大国而言，寻找现代化发展道路既要有先进的理论指引，也要延续优秀的历史传统，还离不开一些特殊区域的先行探索，在"整体—局部"关系框架内，发挥"点上突破、以点带面"的全局效应。在中国 1978 年开启的改革开放进程设计中，邓小平指出，"在经济政策上，我认为要允许一部分地区生活先好起来……这是一个大政策，一个能够影响和带动整个国民经济的政策。"1992 年初，邓小平在南方谈话中又指出："走社会主义道路，就是要逐步实现共同富裕。共同富裕的构想是这样提出的：一部分地区有条件先发展起来，一部分地区发展慢点，先发展起来的地区带动后发展的地区，最终达到共同富裕。"而同时，从 20 世纪六七十年代开始的当代经济全球化进程，一方面极大促进了世界生产力的提高；另一方面推动形成了全球价值链分工网络。这在多个层面深刻改变了全世界的生产力布局，大量涌现的新区和特区成为经济增长的主战场，特殊区域也成为很多国家政府特别是后发追赶型国家最为重要的经济工具之一。

因此，从发展的普遍规律而言，特殊区域是当代世界现代化进程中独特而重要的组成部分，它的角色是先行者、引领者、驱动者，发挥着发展的示范和龙头作用，最终走向均衡发展，实现现代化；它的内在机理则是不平衡发展战略、增长极理论、增量改革的哲学等。

一滴水折射太阳的光辉。作为中国第一个新区，习近平总书记在浦东开发开放30周年庆祝大会上指出，"浦东已经从过去以农业为主的区域，变成了一座功能集聚、要素齐全、设施先进的现代化新城，可谓是沧桑巨变。浦东开发开放30年取得的显著成就，为中国特色社会主义制度优势提供了最鲜活的现实明证，为改革开放和社会主义现代化建设提供了最生动的实践写照！"也即，浦东第一个30年开发开放的成就，充分印证了习近平总书记关于中国特色社会主义道路的论述精神，本身就是中国特色社会主义道路自信的重要体现。

社会主义现代化建设引领区的新历史使命，要求浦东在新的历史起点，以更高发展水平继续彰显中国特色社会主义道路自信。这不仅事关浦东能否在下一个30年继续创造辉煌，更直接关系到整个中国特色社会主义道路的方向和成就。

面向未来，需要进一步结合中国特色社会主义道路自信，更加自觉地把浦东置于全局框架内谋划未来发展，赋予引领区建设更丰富的内涵，开展更富有先行意义的实践探索，努力成为中国式现代化道路的生动样本，贡献"浦东智慧"。

（二）中国式现代化道路的新要求

综合党的十八大后，习近平总书记关于中国特色社会主义道路自信的系列重要论述,可以总结出关于中国式现代化道路的四个要点:一是这条道路具有鲜明的政治性,必须坚持中国共产党领导;二是这条道路展示了深刻的系统性,蕴含丰富的理论、历史和实践逻辑;三是这条道路彰显着可贵的人民性,始终以人民为中心;四是这条道路体现了奋斗的过程性,要不断探路前行。

专栏1 党的十八大以来习近平总书记关于道路自信的系列论述

党的十八大以来,习近平总书记关于中国特色社会主义道路自信提出了一系列重要论述,主要包括:

(1) 2012年11月29日,在参观"复兴之路"展览时指出:"道路决定命运,找到一条正确的道路多么不容易,我们必须坚定不移走下去。展望未来,全党同志必须牢记,要把蓝图变为现实,还有很长的路要走,需要我们付出长期艰苦的努力。"

(2) 2013年6月25日,在十八届中央政治局第七次集体学习时的讲话中指出:"中国特色社会主义这条道路来之不易,它是在改革开放30多年的伟大实践中走出来的,是在中华人民共和国成立60多年的持续探索中走出来的,是在对近代以来170多年中华民族发展历程的深刻总结中走出来的,是在对中华民族5000多年悠久文明的传承中走出来的,具有深厚的历史渊源和广泛的现实基础。"

(3) 2014年9月3日,在纪念中国人民抗日战争暨世界反法西斯战争胜利69周年座谈会上指出:"方向决定道路,道路决定命运。中国特色社会主义道路是1840年以来特别是甲午战争以来,中国人民对其他救国途径的尝试全部碰壁之后作出的历史性选择,是中国共产党和人民历经千辛万苦、付出巨大代价取得的根本成就。坚持中国特色社会主义道路，关乎国家前途、民族命运、人民福祉。"

（4）2016年7月1日，在庆祝中国共产党成立95周年大会上的讲话中指出："中国共产党领导中国人民开辟的中国特色社会主义道路是正确的，必须长期坚持、永不动摇。"

（5）2019年9月16日至18日，在河南考察时指出："中国共产党将始终高举红色的旗帜，坚定走中国特色社会主义道路，把先辈们开创的事业不断推向前进。"

（6）2020年8月18日至21日，在安徽考察时指出："让人们深入理解为什么历史和人民选择了中国共产党，为什么必须坚持走中国特色社会主义道路、实现中华民族伟大复兴。"

（7）2020年9月3日，在纪念中国人民抗日战争暨世界反法西斯战争胜利75周年座谈会上的讲话指出："实现中华民族伟大复兴，必须坚持走中国特色社会主义道路。道路问题直接关系党和人民事业兴衰成败。中国特色社会主义道路是党和人民历经千辛万苦、克服千难万险取得的宝贵成果。中国特色社会主义道路，开拓于中国人民共同奋斗，扎根于中华大地，是给中国人民带来幸福安宁的正确道路。"

（8）2021年3月22日至25日，在福建考察时指出："要深刻领悟中国特色社会主义道路的正确性，坚定不移走中国特色社会主义这条唯一正确的道路。"

（9）2021年7月1日，在庆祝中国共产党成立100周年大会上的讲话中指出："走自己的路，是党的全部理论和实践立足点，更是党百年奋斗得出的历史结论。中国特色社会主义是党和人民历经千辛万苦、付出巨大代价取得的根本成就，是实现中华民族伟大复兴的正确道路。"

——资料来源：根据权威媒体公开报道整理。

三、理解引领区内涵的三个维度

结合新的内外部形势，对照《中共中央 国务院关于支持浦东新区高水平改革开放打造社会主义现代化建设引领区的意见》，可以发现，社会主义现代化建设引领区的核心要义在于"引领"，探未知路、带全局动，重点是链接全球和高质量发展，具有战略使命性、不可复制性和全局驱动性。具体而言，社会主义现代化建设引领区的内涵包括三个维度：方向、内容和空间。

（一）方向维度

引领区定位指向的是社会主义现代化，也即浦东"绝不能仅就上海、就浦东一地而论"，必须牢牢坚持社会主义方向不动摇，紧扣国家现代化目标。从这个意义上讲，浦东不能简单照搬其他国际大都市或者先行区域的经验做法，在目标和问题导向下，聚焦新发展格局、高质量发展和国内国际双循环等事关国家发展全局的关键议题。

（二）内容维度

作为地方区域，浦东在社会主义现代化建设中的作用并非无所不包、全面涵盖，而是更多体现在高水平改革开放方面，关键核心则在于"功能"。功能不是指一般的发展功能，而是真正体现中心节点和战略链接地位的国家级、全球性重大功能，突出体现在全球资源配置、科技创新策源、高端产业引领和开放枢纽门户等四大功能。围绕功能配置的载体平台往往也具有稀缺甚至唯一的突出特点。

（三）空间维度

引领区建设任务并非仅靠浦东一区独自承担，而必须依靠上海、依托长三角乃至更大区域合力推进，包括但不限于涵盖浦西、五大新城、长三角和长江流域等，这也是中央开发开放浦东的初衷延续，要求浦东在形式和视野上以城市群和大都市圈为引领区建设单元，并带动相应区域率先实现高质量发展。

四、社会主义现代化建设引领区的基本内涵

显然,新时代对浦东提出了新要求,即,作为一个服务国家的战略性区域,勇挑最重的担子、啃最硬的骨头,突破攻坚、引领带动,以周边区域为依托,以重大功能打造为核心,发挥功能支点撬动全局效应,引领国家深度链接全球,带动国家高质量发展,助力实现社会主义现代化强国目标。立足民族复兴和社会主义现代化高度,究其本质,浦东"引领区"的核心使命,是为中国式现代化道路持续探路,提供生动样本。

基于此,社会主义现代化建设引领区的内涵主要体现为四个方面。

(一)功能引领

功能是浦东的内核。浦东对于发展全局起到引领作用,本身就是一种功能性表述,做强功能无疑是浦东实现引领的关键所在。这种功能包括作为一个地方区域的基本功能配置,更重要的是体现为驱动全局的特殊和高端功能体系,集中表现为国际经济、金融、贸易、航运和科技创新"五个中心",以及全球资源配置、科技创新策源、高端产业引领和开放枢纽门户"四大功能",同时,也必须在新兴关键功能的培育上始终走在前列。

(二)模式引领

探索道路模式是浦东的使命。浦东要基于自身要素禀赋体系,通过深化改革、扩大开放,走出一条功能引领发展、功能赋能区域、功能主导竞争的具有复制推广价值的高质量发展模式,在科技、产业、金融的高水平循环,持续培育未来发展新动能,推动尖峰区域能级提升,在区域内协调发展等重要方面形成具有示范效应和推广价值的模式体系,成为上海的"稳定器、压舱石、动力源"。

(三)水平引领

标杆与样板是浦东的必然要求。高质量发展应该展现更高水平的绩效,以最优绩效和最高水平展现中国式现代化道路的优越性。浦东发展的最优绩

效和最高水平是全方位的：既要体现在整体和综合层面，在经济社会发展的关键指标、占比指标和人均指标上体现领先，也要消除绝对短板，增加单项冠军和绝对长板比例；既在硬实力层面巩固优势，还要在综合治理等软实力领域提升优势。

（四）价值引领

人是浦东的发展所系。发展归根结底是为了人，浦东打造社会主义现代化建设引领区，必定要体现《共产党宣言》所言明的"共产党的最终目的是要实现无产阶级的解放和人的自由而全面的发展"。要彰显中国共产党人"为中国人民谋幸福，为中华民族谋复兴"的初心和使命，坚持人民至上的价值论，摒弃人的工具论，增进人的福祉，发挥人的才华，释放人的潜能，捍卫人的尊严，促进全体人民全面发展，走出一条物质现代化、制度现代化和人的现代化融合推进之路。

五、引领区概念的进一步辨析

需要指出的是，引领区并不是一个纯粹的学理概念，需要在理论和实践层面作进一步厘清。

（一）引领区不等于增长极

引领区建设过程中，必然会推动浦东保持一定增速、实现经济规模扩张，但引领区并不片面追求最高速的增长和量的简单叠加，而在于打造最核心最高端最强大的战略功能。

（二）引领不等于辐射

辐射是一个区域发展到显著高于周边区域水平后的客观现象，大城市、高能级城市通常具备较强的辐射力。在一定意义上说，引领也是辐射的一种形式，但更加突出主动性、综合性和战略性。

（三）引领区不等于"样板区"

引领区整体上追求最高水平，但并不面面俱到地追求各个领域的最佳，而是在补齐明显短板的基础上,最大化发挥长板优势,通过自身发展实现全局最优,全面释放乘数效应。

(四) 引领区不等于深圳化、海南化

深圳"先行示范"重在通过发展绩效展示中国特色社会主义的优越性,海南是带有试验性质的相对独立探索。相较于深圳先行示范区相关意见,浦东的定位更加突出"更高水平改革开放的开路先锋、自主创新发展的时代标杆、全球资源配置的功能高地"等,具有鲜明的全局引领特质。

表1-2 中央关于深圳先行示范区和浦东引领区相关意见的比较

	深　　圳	浦东新区
建设目标	中国特色社会主义先行示范区	社会主义现代化建设引领区
指导思想	坚持新发展理念,坚持以供给侧结构性改革为主线,坚持全面深化改革,坚持全面扩大开放,坚持以人民为中心,践行高质量发展要求,深入实施创新驱动发展战略,抓住粤港澳大湾区建设重要机遇,增强核心引擎功能,朝着建设中国特色社会主义先行示范区的方向前行,努力创建社会主义现代化强国的城市范例	坚持稳中求进工作总基调,科学把握新发展阶段,坚定不移贯彻新发展理念,服务和融入新发展格局,支持浦东勇于挑最重的担子、啃最硬的骨头,努力成为更高水平改革开放的开路先锋、全面建设社会主义现代化国家的排头兵、彰显"四个自信"的实践范例,更好向世界展示中国理念、中国精神、中国道路
战略定位	有利于在更高起点、更高层次、更高目标上推进改革开放,形成全面深化改革、全面扩大开放新格局;有利于更好实施粤港澳大湾区战略,丰富"一国两制"事业发展新实践;有利于率先探索全面建设社会主义现代化强国新路径,为实现中华民族伟大复兴的中国梦提供有力支撑	引领带动上海"五个中心"建设,更好服务全国大局和带动长三角一体化发展战略实施。更好利用国内国际两个市场两种资源提供重要通道,构建国内大循环的中心节点和国内国际双循环的战略链接,在长三角一体化发展中更好发挥龙头辐射作用,打造全面建设社会主义现代化国家窗口
	高质量发展高地;法治城市示范;文明城市典范;民生幸福标杆;可持续发展先锋	更高水平改革开放的开路先锋;自主创新发展的时代标杆;全球资源配置的功能高地;扩大国内需求的典范引领;现代城市治理的示范样板

（续表）

	深　圳	浦东新区
发展目标	到2025年，深圳经济实力、发展质量跻身全球城市前列，研发投入强度、产业创新能力世界一流，文化软实力大幅提升，公共服务水平和生态环境质量达到国际先进水平，建成现代化国际创新型城市； 到2035年，深圳高质量发展成为全国典范，城市综合经济竞争力世界领先，建成具有全球影响力的创新创业创意之都，成为我国建设社会主义现代化强国的城市范例；到本世纪中叶，深圳以更加昂扬的姿态屹立于世界先进城市之林，成为竞争力、创新力、影响力卓著的全球标杆城市	到2035年，浦东现代化经济体系全面构建，现代化城区全面建成，现代化治理全面实现，城市发展能级和国际竞争力跃居世界前列； 到2050年，浦东建设成为全球具有强大吸引力、创造力、竞争力、影响力的城市重要承载区，城市治理能力和治理成效的全球典范，社会主义现代化强国的璀璨明珠
	率先建设体现高质量发展要求的现代化经济体系；率先营造彰显公平正义的民主法治环境；率先塑造展现社会主义文化繁荣兴盛的现代城市文明；率先形成共建共治共享共同富裕的民生发展格局；率先打造人与自然和谐共生的美丽中国典范	全力做强创新引擎，打造自主创新新高地；加强改革系统集成，激活高质量发展新动力；深入推进高水平制度型开放，增创国际合作和竞争新优势；增强全球资源配置能力，服务构建新发展格局；提高城市治理现代化水平，开创人民城市建设新局面；提高供给质量，依托强大国内市场优势促进内需提质扩容；树立风险防范意识，统筹发展和安全

资料来源：根据浦东引领区和深圳先行示范区相关意见制作。

第四节　浦东打造引领区的内外部变量与条件

研究打造引领区的推进路径，解决的是如何从现状到目标的问题，也即一定约束条件下的实现最优选择的问题。"引领区"意见明确指出了浦东新区打造引领区到2035年和2050年发展目标，确定了大的方向。在既定的目标和方向下，厘清具体的变量和约束条件，相应即可确定路径。

一、外部变量条件

（一）全球化深度转型，世界经济走向阴晴不定

当今世界正经历百年未有之大变局，新一轮科技革命和产业变革深入发展，国际力量对比深刻调整，和平与发展仍然是时代主题，人类命运共同体理念深入人心。同时，国际环境日趋复杂，不稳定性不确定性明显增加，新冠肺炎疫情影响广泛深远，世界经济陷入低迷期，经济全球化遭遇逆流，全球能源供需版图深刻变革，国际经济政治格局复杂多变，世界进入动荡变革期，单边主义、保护主义、霸权主义对世界和平与发展构成威胁。浦东作为我国改革开放的前沿窗口和对外依存度较高的国际化区域，既首当其冲受到外部环境深刻变化带来的重大挑战，也面临着全球治理体系和经贸规则变动特别是我国引领推动经济全球化健康发展带来的新机遇。

（二）中国进入新发展阶段，新发展格局加速形成

我国经济总量已迈上100万亿元台阶，人均GDP连续两年超过1万美元，已转向高质量发展阶段，制度优势显著，治理效能提升，经济长期向好，物质基础雄厚，人力资源丰富，市场空间广阔，发展韧性强劲，社会大局稳定，继续发展具有多方面优势和条件。同时，我国发展不平衡不充分问题仍然突出，重点领域关键环节改革任务仍然艰巨，创新能力不适应高质量发展要求，农业基础还不稳固，城乡区域发展和收入分配差距较大，生态环保任重道远，民生保障存在短板，社会治理还有弱项。新发展格局需要破路尖兵，对浦东而言，有责任也有条件成为国内大循环的中心节点和国内国际双循环的战略链接，为构建新发展格局提供战略支撑。

（三）国内战略功能性区域增多，竞合格局整体成型

在服务构建新发展格局过程中，全国各地千帆竞发、百舸争流，全市和新区都面临着国家赋予更大使命、开展先行先试的新机遇。国内超过一半的

省份获批自贸试验区，全方位开放格局进一步深化；深圳先行示范区、海南自贸港、雄安新区等具有全局战略意义的功能性区域势头强劲。区域竞合的新态势表明，不同战略功能性区域需要立足全局找准方向，推动实现特色发展。浦东要在中华民族伟大复兴战略全局、世界百年未有之大变局中谋划发展蓝图，在构建以国内大循环为主体、国内国际双循环相互促进的新发展格局中找准自身定位，以"四个放在""三个在于"作为战略基点，在危机中抢先机，在变局中开新局，在更加开放的条件下实现更高质量的发展。

（四）科技革命加速到来，深度重构经济社会

当今世界新一轮科技创新正在加速推进，信息、生物医药、新能源、新材料等领域处于革命性突破的前夜，颠覆性技术将改变产业形态、组织方式和生产生活方式，对国际经济、政治、军事、安全、外交等产生深刻影响。为顺应全球创新体系和创新模式的一系列变革，世界各国不约而同地掀起以抢占竞争制高点为核心的新一轮技术创新浪潮，纷纷加大对产业技术创新能力建设的投入与扶持，国际科技竞争日益加剧。我国既面临着赶超跨越的历史机遇，也面临被拉大差距的严峻挑战。作为全球科创中心核心承载区，浦东必须提升原始创新能力，加快发展技术创新能力，并重点打造创新生态系统，加强技术创新与商业模式创新的结合，才能掌握发展的主动权。

二、内部变量条件

从内部来看，浦东打造引领区既具有扎实的基础，也面临不容忽视的体制机制约束。从有利的一面看，主要体现为五大优势。

（一）经济能级优势

浦东新区以全市1/5的面积、1/4的人口，创造了1/3的经济总量，是全市经济增长的压舱石、稳定器和动力源，甚至一定程度上是长三角的重要经济增长极，经济效能和产业结构代表着长三角地区甚至全国的最高水平。2018年浦东GDP首次突破1万亿元，2020年达到1.32万亿元。第三产业增加值超过 1 万亿元，占全区 GDP 的 75% 以上，全市的近 1/3。浦东新区已基本形成以现代服务业、战略性新兴产业为引领，先进制造业为支撑的现代产业体系，其中，集成电路、生物医药和人工智能三大先导性产业和多个行业处于全市乃至长三角地区的领先地位。较高的经济能级为浦东担当区域经济增长引擎、辐射带动周边地区发展提供了坚实的基础。浦东在经济发展过程中最大限度发挥土地资源、人力资本、环境资本的生产效率，提高存量项目与增量项目的产业能级，注重区域差异化发展，在单位面积土地上的经济产出遥遥领先，其中，保税片区单位面积产出 20 亿元、陆家嘴片区 133 亿元、张江片区 39 亿元，远高于上海市 4.7 亿元的平均水平。

（二）资源配置优势

浦东作为长三角乃至全国链接国际要素资源的门户，其高效的资源配置优势无可比拟。陆家嘴金融区是我国唯一一个以金融命名的国家级开发区，全国一半以上外资金融机构总部集聚于此，共有持牌类金融机构一千多家，各类金融机构总数一万余家，法巴资管、荷宝资产、未来资产等多家境外资管公司也相继落户。浦东已建成涵盖金融、房地产、人才、产权、钻石等门类齐全的要素市场，其中金融要素细分市场涵盖了股票、债券、票据、黄金、期货、外汇和保险等全部品类。浦东是全球少有的同时兼具国际一流的空港和海港的区域。以外高桥港、洋山港与浦国际机场航空港及外高桥保税区、洋山保税区、浦东机场综合保税区"三港三区"联动发展，既实现了国际集装箱枢纽港和机场空运枢纽港的功能互补，也在长三角地区产生了体量优势和示范效应。上海高铁东站的规划建设，实现了与浦东国际机场的"空铁联运"，更重要的是通过沿海铁路大通道建设，将浦东融入了长三角高铁体系，强化了浦东对江苏，甚至山东等省市的辐射带动。

（三）科技创新优势

创新是引领长三角经济转型升级的动力，浦东作为上海科创中心的核心承载地，在科技创新方面优势明显。浦东加快建设张江科学城、临港上海科创中心主体承载区，依托南北两大块面构建"南北科技创新走廊"，最大限度整合创新资源，发挥集聚带动效应。目前，张江已聚集上海光源一期、国家蛋白质科学中心、软X射线自由电子激光装置、活细胞成像平台等国家级重大科学基础设施。浦东集聚了大量的科技创新人才、科研院所、孵化器，以及链接全球的跨国研发与创新机构。浦东还不断完善科技企业债权融资体系、股权投资体系和科技金融服务体系。上海证交所设立科创板并试点注册制将为科创企业开辟新的资金融通渠道，也为风险投资提供重要激励。浦东的律师和会计师事务所、评估机构、技术咨询机构、知识产权服务、技术代理机构等各类中介服务组织云集，为引导科技创新要素高效配置创造了条件。

（四）开放引领优势

开放是浦东的基因。浦东作为中国开放的前沿窗口，长期发挥着连接国外和国内两个扇面的独特作用。通过30余年的开发开放，浦东集聚了近350家跨国公司地区总部，占上海全市的半壁江山；货物贸易进出口额占上海全市60%左右，服务贸易进出口额占全国近10%；黄金、原油等期货产品已具有全球影响力；等等。这些指标表明浦东在上海乃至中国开放格局中不可取代的重要地位。浦东区域内分布着几乎所有高能级的开放载体，包括外高桥保税区、洋山特殊综合保税区、自贸试验区、临港新片区、国家级开发区、国家级高新区等，很多体现出最早、最大、最新、最开放等特征，构成链接全球的多元通道。浦东在开放过程中注重制度创新，负面清单、证照分离、"六个双"监管、国际贸易单一窗口、FT账户等具有首创意义的制度，均诞生在浦东，引领着从要素型开放向制度型开放的转变，使得浦东在深层次开放上始终领先一步。

（五）品牌软实力优势

通过长期开发开放实践，浦东塑造了自身的品牌形象，并拥有园区和产业等多元品牌载体，具备了在长三角区域内输出和辐射的潜在优势。比如，浦东依托功能各异、特色鲜明的"四大开发区",在国际金融、贸易、科技创新、高端制造等方面实现了飞跃式发展,把开发区品牌输出作为一种新的合作模式,在提高长三角城市群整体竞争力方面有着重要意义。比如,发达的现代服务支撑浦东开发出众多的"上海品牌",首款以人民币标识的贵金属基准价产品"上海金"、我国首个国际化期货品种原油期货、全国首家自贸试验区央地融合发展平台等众多首创品牌,都不断推动浦东服务品质能级的提升。比如,浦东是全国最大战略性新兴产业集聚地、"上海制造"的核心优势区域,在集成电路、人工智能、生物医药、航空航天、智能物联等领域有着较强的集聚优势和投资潜力,"临港制造"正成为我国装备制造业的标志品牌,区内积聚了一批以中芯国际、华大半导体、新松机器人、中国商飞试飞中心等为代表的龙头企业。

与此同时,对标国际最高标准最好水平,仍有亟待通过改革创新破解的发展难题和障碍,主要表现在:

一是改革攻坚与区级权限间的不匹配。从 20 世纪 90 年代的浦东开发开放之初,到 21 世纪初的综合配套改革试验区,到党的十八大后的自贸试验区和科创中心两大国家战略,再到当前推进社会主义现代化建设引领区,浦东新区始终有国家战略的加持,承担了最高层面的改革创新、突破攻坚的任务,挑最重的担子、啃最硬的骨头,但相比全市其他各区在区级部门数、行政编制数上都有很大差距,形成"小马拉大车"的格局,很多部门在和上级主管部门的工作对接中要"一对多",还不断承接越来越多的中央和市级事项,学习和适应过程越来越长。客观而言,区级能力、区级权限与中央战略高要求的匹配也越来越难。

二是内生动能不足与可持续发展要求的不适应。浦东新区经济总量大、市场主体多,特别是集聚了大量央企、市属国企、区属国企和外资企业。但是,从市场主体作为市场发展和市场竞争主体地位来看,缺乏有竞争力、有品牌的大型本土民营企业的身影,特别是缺乏科技类、互联网类企业,比如阿里、百度和腾讯等互联网龙头企业，比如华为、中兴和小米等科技硬件龙头企业。同时，浦东的区属国企在开发开放过程中形成了上万亿的资产总量，但大都是园区开发类，是持有物业的"收租者"，一方面创新动力不足、创新能力不强，缺乏产业发展比较好的企业；另一方面要避免国有资产流失，保持租金与市场水平同步，不得不与民争利。实际上导致了大量国有资产难以产生可持续发展的动能。

三是功能高原多与巅峰少的不均衡。在"五个中心"建设中浦东引进培育了大量的基础设施和要素市场，对于强化四大功能形成了重要的基础支撑，在长三角乃至全国具有核心竞争力，也形成亚欧大陆最美天际线。但从与伦敦、纽约、东京、新加坡、香港等国际同类城市对比中，在设计和组织的能级、功能上还有不小差距，比如在金融要素市场规模和产品创新上不如纽约华尔街，在总部经济数量质量上不如新加坡，在国际航运组织、航运金融产品上不如伦敦，在城市建设和管理的精细化、智能化程度上不如东京。还需要加大引进和培育力度，对标国际最高水平，营造更多应用场景，在持续强化四大功能中建设更多代表国际最高水平的功能巅峰。

第二章

浦东打造社会主义现代化建设引领区的路径选择

一般而言,推进路径包含两大方面:一个是纵向的、时间序列的推进步骤,即实现最终目标的阶段划分、每一阶段的核心任务;另一个则是横向的、系统层面的推进策略,即整体的方法论体系。

第一节 三大推进步骤

2021年《中共中央 国务院关于支持浦东新区高水平改革开放打造社会主义现代化建设引领区的意见》指出:"到2035年,浦东现代化经济体系全面构建,现代化城区全面建成,现代化治理全面实现,城市发展能级和国际竞争力跃居世界前列。到2050年,浦东建设成为在全球具有强大吸引力、创造力、竞争力、影响力的城市重要承载区,城市治理能力和治理成效的全球典范,社会主义现代化强国的璀璨明珠。"2035和2050两个目标具有一脉相承性。

一、框架塑造阶段

从引领区意见发布(2021年)到2025年是浦东打造引领区的框架塑造阶段,这一阶段的核心任务是全面落实相关实施方案,重在方案落地过程中的各类平台、机构、制度和政策的耦合试错、实时纠偏和系统集成,以影响力为关键，以若干制度创新成果和发展绩效为标志，磨合形成引领区整体框架，确保浦东进一步迈向自我驱动和良性循环的发展新征途。

二、功能成型阶段

浦东打造引领区的第二阶段主要覆盖2026年至2035年，核心任务是在功能框架全搭建的基础上，对标全球最顶尖城市，持续充实和夯实功能内核，以竞争力为关键，以重大功能平台和重大创新成果为标志，尤其要在全球资源配置和科技创新策源两大核心功能上比肩全球最高水平，成为全球要素流动网络、资源配置网络、创新网络的核心节点，确保国家层面的资本跨境自由流动和产业链、供应链安全。

三、迭代升级阶段

这一阶段主要是从2036年至2050年，核心任务是浦东引领区功能完备基础上的可持续发展，以持续力为关键，以全球最优综合性功能和最强核心功能为标杆，在理念、模式、规则等方面加速从引领全国到引领世界的转变，成为全球竞争力极点区域，确保中国世界第一大国的稳固地位。

第二节 八大战略路径

社会主义现代化建设引领区，从理论层面看，重在外部效应，也即浦东之于国家整体和发展全局的作用；但从实践角度看，内部和自身发展是基础，脱离了自身的发展谈引领将沦为"大而空"。因此，浦东打造社会主义现代化建设引领区的推进路径，在逻辑层面应包括"强基础"和"优引领"。

一、多元主体协同的推进路径

研究推进路径，首当其冲要回答"谁"来引领。三个客观事实更凸显了厘清引领主体的重要性。一是作为市辖区，浦东虽有系列授权但客观上权限仍相对有限，履行国家使命须得到中央和市级的充分支持；二是浦东区域内现有以及即将设立的重大平台、装置和载体等，很多直接受中央和上海市管辖，并不隶属于浦东；三是浦东过去 30 余年间完成诸多战略使命的成功经验之一，便是主动高效顺畅地纵向协调，得到国家和市级的全过程指导，既确保了国家战略不走偏，也让浦东始终处于全局的焦点位置。在适应新发展阶段、贯彻新发展理念、构建新发展格局的时代背景下打造社会主义现代化建设引领区，意味着要以改革的办法，从"点线式"局部性突破转到"系统化"整体性攻坚上来，更强调对外辐射和带动，客观上要求进一步加强顶层设计和全局协同。因此，浦东必须首先在推进主体上实现系统集成，把共识的凝聚、合力的塑造作为重要前提。

（一）优化"央地"协同机制

以市为关键，充分发挥市一级在沟通中央和指导浦东方面的枢纽作用。进一步强化以部市合作为主体的央地合作机制，将引领区相关意见和方案，作为未来一段时期部市合作的重点内容，更加注重合作机制的常态化运作，形成需要重点研究和解决的年度议题，力争搭建专项工作组，增进各层级形式多样的沟通交流。要重视国家级智库和部委研究机构在战略议题设定和研究方面的独特作用。

（二）完善聚焦浦东的"市区"合作机制

在市领导推进小组框架下，把浦东真正作为全市改革创新的大平台，推动浦东与市人大、政协，以及市级相关部门全面对接，将引领区建设有机融入全市各条线的工作部署中，建立重点领域的市区联席会议机制，争取市级部门对浦东充分授权和全程指导。同时，在市级统筹指导下，鼓励各区积极对接浦东引领区建设，加强功能对接、平台对接，实现改革联动、开放联动。

（三）提升与中央在沪单位的协作水平

海关、金融、科技等在沪中央条线，是引领区许多建设任务的实际执行主体。应强化市、区、中央在沪单位的多方联动，围绕引领区意见落实，建立专项工作小组，形成定期沟通议事机制，增进信息、数据和人员的广泛交流。同时，进一步提高该类机构对浦东和上海的融入度，鼓励其利用自身渠道传递引领区建设的相关诉求，引导中央部委增强对引领区的关注度和支持度。

（四）设立多元参与委员会

引领区建设的微观基础是市场主体和市民，引领区建设的最终受益者也是企业和市民。通过设立引领区建设多元参与委员会，广泛纳入代表性企业、社会组织、市民等，特别是代表功能能级的跨国公司总部类机构、国际性行业组织、高层次人才等，全面激发市场动力和社会活力，承担政策咨询、评估、修正等功能，从而有机融合有为政府、有效市场和有力社会，以全社会合力共建引领区。

二、功能与能级迭代升级的推进路径

普通区域和战略性区域的本质性差别在于能级与核心竞争力，能级与核心竞争力的基础是规模和体量，但更强调控制力、影响力和竞争力，而这主要源于城市功能。唯有强大的特别是稀缺的重大功能，才能广泛集聚高能级和高质量要素，并进而辐射带动全局演进。全球资源配置、科技创新策源、高端产业引领和开放枢纽门户等四大功能是浦东核心优势所在，也是浦东打造引领区、提升引领力的关键依托，而引领区相关意见所列的重大建设任务，也基本属于功能领域。因此，浦东必须把功能建设与升级作为引领区打造的核心路径。

（一）锻造功能长板

在全球资源配置方面，重点打造全球人民币离岸金融中心、全球资产管理中心、融资租赁中心、国际保险与再保险中心；建设国际数据港和数据交易所；推动跨国公司中国区总部升级为亚太总部、全球总部，投资总部向运营总部、供应链管理总部、结算总部拓展，单一功能总部向复合功能总部升级。在科技创新策源方面，强化知名大学、顶尖科研院所等高能级创新主体的集聚和高新技术企业的培育，在脑科学、量子科技等前沿领域占据最前沿位置，加大卡脖子关键领域的攻关突破。在高端产业引领方面，推动人工智能、新能源汽车等新兴产业加速成长为支柱产业，推动"六大硬核产业"规模倍增，成为世界级产业集群。在开放枢纽门户方面，关键是建设具有世界影响力的航运贸易枢纽。

（二）突出功能集成

具备多个核心功能是浦东的重要优势，更重要的是打通功能之间的有机联系，释放功能集成的放大效应。一方面是"五个中心"的集成。以实体经济为核心的经济中心建设，促进贸易流量的持续扩充，以实体经济和贸易带来的货物与要素流动驱动航运中心发展，以及催生的资金需求推动金融中心规模壮大，而科技则起到普遍赋能的巨大作用，并促进几个中心之间融合发展，形成"1 促 N 和 N 带 1"的良性循环。另一方面是"四大功能"的集成。比如，要素配置平台需要科技支撑和门户枢纽功能加持，而高端产业和创新策源发展必须在开放的条件下、由高端要素提供助力才能进行。因此，应避免单线条进行单一功能建设，而是互为前提、互为支撑，作为一个整体推进。

（三）强化功能辐射

引领区的功能必然服务于发展大局，而非仅为浦东所用。一方面在功能平台建设上，重点打造与大国地位相匹配、面向国际和全国的战略性大平台，突出稀缺性乃至唯一性；在机构集聚上，瞄准跨国公司各类总部、国际性协会组织；在人才政策上，对国际化高端人才予以重点倾斜。另一方面为平台、机构和人才面向全国和全世界开放式运作提供支持，鼓励其走出去、引进来，特别是真正做实"一带一路"共建，为中国企业海外拓展提供综合配套服务，成为各类国际网络的核心节点。

> **专栏 2　浦东推进"全球营运商计划"**
>
> "全球营运商计划"（Global Operation Programme，GOP）于 2020 年 12 月 16 日在浦东新区保税区率先启动，旨在进一步聚集高能级的市场主体、高层次的人才、全球性的资金，推动企业做大市场、做大增量、做强能级。全球营运商是指运作范围至少覆盖两大洲，营运模式至少涵盖贸易、投资、分拨、研发中的一种，面向全球、运作全球和配置全球的高能级功能总部。该计划旨在进一步集聚高能级的市场主体、高层次的人才、全球性的资金，推动企业做大市场、做大增量、做强能级，巩固并强化上海自贸试验区在新发展格局下的重要枢纽、通道和平台功能。通过计划的推行，力争用 3 年至 5 年时间，培育一批在贸易、投资、供应链及研发等方面可以汇聚和配置全球资源的优质企业；用 5 年至 10 年时间，培育一批真正意义上的全球营运"头部"企业，在细分领域内占据全球统筹领导地位，在全国乃至世界范围形成引领示范效应。全球营运商计划改变过去由政府发布支持意见的单向扶持方式，而是根据每一个培育对象的个性化需求，由政府与企业双向沟通、共同磋商形成"1＋X"的支持政策包。"1"是专业化的服务支持，"X"是多领域的发展支持。据统计，首批 41 家 GOP 中外培育企业 2021 年上半年业务规模同比增长超过 40%，且已形成第二批 55 家培育企业名单。
>
> ——资料来源：根据相关政策文件和网络资料整理。

三、区域分工联动一体发展的推进路径

引领区建设，最终要落实到空间层面。浦东开发开放之所以是国家战略，就在于其重要的带动上海、长三角和长江流域乃至全国发展的使命。经过四十多年的发展，中国区域发展已迈入城市群和大都市圈时代。《国家发

展改革委关于培育发展现代化都市圈的指导意见》指出："城市群是新型城镇化主体形态，是支撑全国经济增长、促进区域协调发展、参与国际竞争合作的重要平台。都市圈是城市群内部以超大特大城市或辐射带动功能强的大城市为中心、以 1 小时通勤圈为基本范围的城镇化空间形态。"可见，区域一体化的关键引领是域内的核心地区，作为上海"五个中心"的核心承载区，浦东是当仁不让的龙头核心。因此，社会主义现代化建设引领区定位，必然要求浦东当好"领头羊"、扮演"好邻居"、壮大"朋友圈"，在长三角一体化发展中更好发挥龙头辐射作用，实现协同发展。具体而言，就是要做好"五个联动"。

（一）功能联动

以浦东强大的综合性功能，赋能上海其他市辖区特别是五大新城，以及长三角城市，实现浦东和广阔长三角城市间的功能耦合。一方面，发挥浦东在资源配置、创新策源、开放门户等稀缺性功能方面的优势，主动对接，由远及近，满足上海新城、长三角城市的功能需求，如上市融资、创新研发等。另一方面，浦东可以在上海新城和长三角范围内，设置功能性分支机构、非核心功能、核心功能的部分环节甚至部分核心功能，布局功能网络，形成浦东位居龙头、长三角高效协作的功能运作格局。上海五大新城，因近水楼台及体制优势，完全可以率先试点，成为浦东核心功能的亚主体。

（二）产业联动

第一，围绕"中国芯""创新药""蓝天梦""未来车""智能造""数据港"等浦东"硬核"产业，发挥浦东占据价值链高端环节的优势，积极构建基于市场原则、覆盖长三角的产业集群。探索设立长三角产业链"链长"、产业集群"群主"机制、产业联盟"盟主"，以行业交流促进市场主体的广泛合作。第二，依托浦东在贸易、航运等领域的强大竞争力，以及浦东作为国内大循环的中心节点和国内国际双循环的战略连接地位，为长三角区域产业拓展更广阔的市场空间。第三，顺应浦东业态创新场景丰富、产业迭代迅速的新态势，将长三角作为新业态和新产业的率先承接地、首要转化地。

（三）载体联动

将园区作为浦东与长三角联动的重要抓手。首先，形成利益共享的园区合作机制，鼓励浦东外高桥、张江、金桥等园区与长三角同类园区实现强强联合，共享招商资源和发展经验。其次，鼓励浦东园区在长三角特别是相对欠发达地区设立园区飞地，有序导入因区域产业转型升级而外迁的浦东企业，以及满足浦东企业因做大做强而催生的空间需求。第三，创新发展"反向飞地"，吸引长三角地区在浦东设立研发等飞地，并视能级给予一定的政策支持，纳入浦东创新扶持体系。最后，借鉴G60科创走廊经验，探索在长三角北翼建设G40（沪陕高速）创新走廊，发展生物医药等产业。

（四）平台联动

一方面，支持要素市场、大科学装置等浦东特有的平台，在长三角重点城市以设立分支机构、签署合作协议、加强人员交流等多种方式开展合作，借鉴长三角资本市场服务基地，在浦东区内设置专门服务长三角的金融或创新等平台。另一方面，强化苏浙皖沪三省一市自贸试验区交流合作，打造长三角自贸试验区联盟品牌，成为国内跨区域协同开放的品牌，并在海关特殊监管区领域进一步深化合作。此外，鼓励浦东和长三角城市立足招商、城市节庆等平台积极开展合作，形成更大规模和更强能级效应。

（五）制度联动

首先，依托浦东制度创新的传统和优势，将长三角区域面临的关键制度瓶颈和普遍约束障碍，作为浦东改革举措的重要来源，形成"长三角出题、浦东解题"格局。特别是释放浦东新区法规的积极效应，在法治轨道上及时固化制度创新成果。其次，把浦东制度创新的最新成果，择其可复制可推广部分，依托长三角区域合作机制，率先在长三角区域实施，"浦东破题，长三角推广"。最后，构建长三角制度创新交流机制，举办年度性的长三角制度创新论坛，探索开展基于城市群和大都市圈的制度创新探索。

四、存量优化带动增量扩张的推进路径

先易后难、渐进式推进是1978年以来中国改革开放的重要特征，其核心逻辑在于增量改革带动存量改革，通过增量的改革突破和体量扩张，形成竞争压力和示范效应倒逼存量改革。从某种意义上说，开放倒逼改革也是增量带动存量的一种表现形式。增量改革适用于难度相对较小和经济快速发展的改革初、中期，而在利益格局相对固化和存量经济时代，必须通过全面深化改革的方式对存量领域进行重点攻坚。当前，以全要素生产率低增速徘徊、劳动力供给出现历史性拐点、城镇化步入中后期等为标志，中国整体呈现出存量时代特征。浦东高水平改革开放、打造引领区，就必须在存量改革上着力，推动自身和全局增量持续扩张，实现可持续发展。

（一）努力提升要素效率

要素逻辑是经济运行的底层逻辑，市场经济本质是要素的自由组合。浦东要素的特点是：种类齐、规模大、质量高和来源广，要素活动的载体与平台丰富且独特，不同要素的联动催化效应显著，要素与功能之间的双向塑造活跃，要素的价值实现高效和丰厚。浦东的引领作用一定要体现为自身要素效率最高和带动整体效率趋高。一方面，通过行政审批制度、商事登记制度、知识产权保护和交易制度等创新，破除对要素的体制机制束缚，加速激活存量要素，提高要素的活跃度和增值度。另一方面，完善要素市场体系，优化运行效能，通过市场化手段和政府作用实现要素最高效配置。此外，要把持续集聚高端要素作为发展基础，以单位高效益促进要素整体效益抬升。

（二）提升现有机构能级

总部类机构是浦东国际竞争力的重要组成部分。鉴于浦东已形成外资最集中、辐射面最广、服务能力最强的雄厚基础，建议以引领区打造为契机，以总部能级提升和生态圈构建为抓手，真正实现浦东外资总部经济从集聚向扎根跃升。一方面，深化跨国公司总部之间的赋能协作。通过举办总部

跨界合作机遇分享会、公司主题日探访活动、行业领袖峰会和CEO论坛等形式，推动总部企业在拓展大客户渠道、链接产业链上下游、推广创新解决方案和促进可持续发展等方面相互高水平赋能，市场共拓、资源共享、创新协同、能链共用，让跨国公司总部在引领区看得到市场、找得到同伴、寻得到帮助，形成生态圈。另一方面，以生态系统打造强化集聚和扎根效应。打造"浦东总部经济生态圈"，强化体制、机制、平台和品牌建设，以生态系统的"自循环"驱动"外循环"，持续吸纳全球范围内的外资要素、机构和平台并扎根引领区，释放对浦东六大行动计划和开放型经济建设的战略支撑作用。

（三）以创新撬动新一轮增量空间

工业革命以来，每一次繁荣周期背后都有科技创新的战略驱动。浦东要以科技创新体制改革，加速抢占全球科技前沿。第一，强化补链固链。发挥浦东科技资源密集优势，积极融入新兴举国体制，在集成电路、新材料等领域加强攻关，确保产业链、供应链自主可控，推动世界级创新产业集群打造。第二，释放大科学装置和平台综合效应。推动光源和国家实验室等大装置大平台，面向未来深化源头探索，并积极对接产业发展，鼓励科研人员参与成果转化，疏通基础研究、应用研究和产业化双向链接的快车道。第三，探索新型研发机构运行机制。支持符合条件的研发机构转为新型研发机构，并面向重点领域布局一批，赋予其更大的运行自主权，实施依章程管理、综合预算管理和绩效评价为基础的管理模式，最大程度释放创新潜能。第四，打造企业创新主体。把企业研发投入作为科技类企业扶持政策的核心指标之一，在国际专利申请、金融支持等方面加大政策力度，让企业敢创新、真创新，创新企业能成长、长得好。

五、内生与外部动能双向赋能的推进路径

浦东打造引领区，发挥国内大循环的中心节点和国内国际双循环的战略

链接作用,关键要持续激发内生动能和外部动能并实现双向赋能,改变浦东一直以来侧重于外部动能、内生动能不足的格局,实现发展动力源的重构和升级,走出一条具有引领价值的发展路径。

(一)国企改革撬动内生活力

国资是浦东经济体系的重要组成部分,要以混合所有制改革和人员激励为重点,激活浦东国资国企。第一,市场开放,鼓励企业走出浦东,面向全市、全国乃至全球布局,在更广阔市场空间中成长壮大。同时,也主动开放浦东部分领域市场。第二,领域开放,加速国企从过高比例的房地产开发转向城市综合运营商、产业组织服务商定位,探索组建产业技术类国企。第三,资本开放,有序引入社会资本,凝聚不同所有制优势,健全市场化经营机制,塑造更大活力和更强竞争力。

(二)开放式运作释放内部潜力

顺应开放式创新的国际趋势下,充分利用浦东大企业特别是跨国公司大量集聚的优势,推动企业研发从封闭转向开放、企业研发中心向开放创新中心升级、跨国公司由引进全球创新到孵化本土创新,将外部高能级创新资源导入创新生态圈,打造生机勃勃的创新热带雨林,构建"政产学研金服用"七位一体的创新生态体系,产出一批高价值知识产权成果,壮大一批硬核高新技术企业,打造一批世界级创新集群,成就一批领军型创新创业人才,形成强大的内生发展动能。

专栏3 浦东大企业开放式创新中心计划(GOI)

大企业开放创新中心,是由行业龙头企业或细分领域领军企业发起建立,遵循开放式全球创新趋势,发挥大企业内部创新资源和全球创新网络优势,吸引集聚创新力量,实现协同创新的新型载体。大企业在浦

> 东设立开放创新中心后,将利用自身的市场优势、网络优势、资源优势为中小科技企业赋能,与此同时,本土科技企业的创新智慧也将激发大企业的潜能,促进全球范围内的协同创新。未来,大企业开放创新中心将在激发创新、打破壁垒、降低成本、拓展市场、解决"大企业病"等方面发挥显著作用。
>
> 根据计划,浦东将联合企业、政府、产业、金融等各类资源为大企业开放创新中心建设,提供包括项目建设、空间保障、运营绩效、引进国际前沿项目等6项扶持政策;对于中小科技企业提供包括降低融资成本、技术创新支持、国资股权投资、知识产权保障及高端人才引进培育等6项扶持政策。按计划,浦东将在三年内建设大企业开放创新中心100家以上、赋能高质量创新企业5000家以上。
>
> ——资料来源:根据相关文件和报道整理。

(三)本土企业全链条育成

实施更为积极的中小企业政策。一方面,强化竞争政策基础地位,避免对初创型企业、小微企业实施选择性扶持,而改为普遍性支持,推动更多企业公平竞争;另一方面,对竞争中逐步显示出核心竞争力的成长型企业,给予专门支持,在市场竞争中培育浦东的华为、大疆等有强烈地域辨识度的知名企业。

(四)发挥"消费"独特作用

把消费中心建设作为实现链接国内国际双循环的重要载体,以消费激活内外动能共振。首先,引进具有全球标识度的高端品牌商和具有全球战略资源配置能力的零售商,发展首店经济、首发经济,放宽电信服务、医疗健康等服务消费市场外资准入,促进服务供给体系升级。其次,积极布局免税经济,吸引境外消费回流,推动国产商品进入免税渠道。第三,支持和引导国产品牌、老字号进入国际化商圈，带动国产品牌提质升级。第四，打造进口消费品集散枢纽，集聚跨境电商，优化跨境保税仓功能，在外高桥等海关特殊监管区搭建常年展示交易平台，畅通展品变商品通道，延续进博带动效应。

六、系统集成战略攻坚的推进路径

中国的改革经历了聚焦特定领域的单兵突进阶段，在不少领域实现了重要突破，但随着改革进入深水区和攻坚期，碎片化推进的弊端凸显，迫切要求以系统思维和顶层设计，实现各领域改革模块的系统集成，形成跨领域、跨区域、跨部门和跨层级推进合力。引领区所要追求的，是高水平改革开放，因此必须全面运用系统集成的思维和方式，找准具有牵一发动全身的靶点，统筹改革资源、联合作战，以点上突破带动面上整体改进。

（一）构建"四化"集成模式

以清单化、标准化、规范化、制度化梯次推进改革。厘清政府和市场、政府和社会关系，明晰各职能领域的清单，制定政府运作的具体标准，特别是跨部门的实施细则，并强化规范化运作水平，给行政相对人以稳定的预期，再通过持续的规划运作和动态改进，上升为制度并固化。

（二）围绕"人"攻坚

在创新驱动时代，"产—城—人"的发展逻辑已经让位于"人—产—城"，引领区的"引领"本质上是"人才"的引领。一方面围绕人才创新创业开展改革设计，打造最优的创新创业环境，构建全生命周期的创新孵化体系、全链条的科技公共服务体系、全方位的知识产权保护体系、全覆盖的科技投融资体系、全场景的创新资源体系，实行税负与贡献挂钩联动机制。另一方面聚焦人的生活进行系统改革，立足主要场景，联动开展就业、教育、医疗、养老和体育等领域改革，实现高品质生活。

(三) 围绕"地"攻坚

空间是发展的牛鼻子,土地空间在规划落地和项目承载方面具有关键作用。首先,要持续推进存量土地空间效益提升和空间增量储备,探索工业上楼和园区二次开发新机制,实施更高效的空间利用。争取基本农田的全市统筹,促进建设用地规模与发展定位、功能承载相匹配。其次,加大生产力布局调整力度,壮大优势园区,推动重点园区产城融合发展。第三,优化城镇体系,有序推进新一轮街镇体制改革,推动街镇整合和街道析出,改变碎片化布局导致的资源低效化利用。第四,强化浦东北部城市化区域和临港新片区之间广阔城镇空间的规划统筹与开发利用。

(四) 围绕"数"攻坚

顺应经济社会数字化转型浪潮,紧抓数据要素,以数据交易所建设为契机,在数字确权、数字交易和数字安全等方面率先形成可行模式,全面打造最具竞争力的数字产业体系,释放数据赋能经济社会各领域的潜能。

七、改革创新与法治引领双轮驱动的推进路径

改革与法治时常被认为是一对矛盾,改革的取向是"破"和"改",以持续的制度和政策突破实现更优的绩效,法治则强调"立"和"稳",给市场和社会以明确的规范与预期。中国改革开放在法治建设相对滞后的背景下启动和推进的事实,客观上加剧了对两者关系的误解,法治长期更多被视作改革的阻力而非动力。但随着中国加入世贸组织(WTO)、融入世界经济大循环,对国际经贸规则和条约的履约承诺倒逼市场经济的法治化进程;同时,改革步入深水区,需要通过"先立后破"的立法新模式,为改革打破固化的利益格局,从而在法治轨道上推进改革。深圳特区40余年的奇迹崛起,离不开经济特区立法权的支撑,也充分表明改革与法治具有内在的自洽性和一致性。

> **专栏4　深圳未来五年立法规划**
>
> 　　2021年深圳市人民代表大会常务委员会工作报告提出，未来5年计划制定和修改法规超过100部，重点是围绕"双区"建设和深圳实施综合改革试点开展立法，包括制定和修改深圳经济特区数据条例、人工智能产业促进条例、智能网联汽车管理条例、数字经济产业促进条例、细胞和基因产业促进条例、河套深港科技创新合作区深圳园区条例、地方金融条例、外商投资促进与保护条例、企业国有资产监督管理条例、反不正当竞争条例、社会信用条例、矛盾纠纷多元化解条例、社会建设促进条例、城市安全发展条例、城市轨道交通条例、学前教育条例、职业教育条例、医疗条例、中医药条例、生态环境保护条例、绿色建筑条例等法规。
>
> 　　根据报告，2021年深圳拟安排法规项目27部，其中新制定法规19部，修改法规8部，听取和审议"一府一委两院"专项工作报告20项，开展计划预算审查监督11项、专项视察13项、执法检查2项、专题询问2项和专项课题调研8项。
>
> ——资料来源：2021年深圳市人民代表大会常务委员会工作报告。

　　浦东开发开放之初，便鲜明树立法治思维，注重法律在国际通行规则中的重要作用。但相较于深圳等地，浦东一直没有完整的地方立法权。通过2007年《上海市人民代表大会常务委员会关于促进和保障浦东新区综合配套改革试点工作的决定》第二条规定，以及2019年《关于支持浦东新区改革开放再出发实现新时代高质量发展的若干意见》第十九条，浦东获得了一定的立法空间，但客观上无法有效满足浦东创新实践和改革突破对法治的广泛迫切需求。"引领区意见"比照经济特区法规，对上海和浦东进行相关立法赋权，全国人大常委会和市人大常委会先后出台决定，立法授权正式落地，浦东的法治保障体系已初步成型。基于此，浦东能够在改革顶层设计和系统谋划基础上，以法律法规的创设，引领改革、推动改革、保障改革，做到在法治下推进改革、在改革中完善法治，构建改革创新与法治引领相衔接的改革新思路和引领区打造新路径。

（一）以法治引领改革

在改革酝酿之初，及早组织专家学者和法律顾问等，对改革的实质与可行性、相关法律性质与法律效力开展充分论证，并加强与市相关行政部门和立法部门沟通，从而对改革过程中可能遇到的法律问题做好充分的预判和准备。既可以通过浦东新区法规对法律、行政法规、部门规章作变通规定，也可以根据市人大常委会授权对本市地方性规范做变通规定，还可以在市人大常委会制定的地方性法规中设立浦东专章，将改革创新项目放在浦东先行先试。

（二）以改革激活法治

依托浦东引领区打造过程中丰富的制度创新，特别是在功能建设、知识产权保护、营商环境优化、经济高质量发展等关键领域，以及新业态新模式等空白领域，科学发掘立法空间，可以在暂无法律法规或明确规定的领域先行制定管理措施，并在动态评估的基础上，积极转化为法规，从而推动相关领域的立法创新，并根据情况在全市乃至全国范围内逐步推广，发挥从先行引领到全局带动的效应。

（三）构建改革与法治协同联动的新模式

发挥党委领导作用，形成市、区两级人大、市、区两级行政部门协作机制，推动立法机关、司法机关、行政机关和智库机构等多元主体共同谋划、协同改革，构建涵盖动议、决策、推进与评估的全路径框架，有效破解改革与法治不同步甚至两张皮的难题，切实增强改革的合法性和权威性，真正在法治轨道上深化改革，加速打造社会主义现代化建设引领区。

八、硬实力与软实力互动并进的推进路径

城市竞争已从经济和科技硬实力延伸到综合实力比拼,软实力成为新的竞争变量,并且权重越来越大。浦东打造引领区,既需要基于体量和功能的硬实力,发挥"主动力"作用;也离不开基于品格和环境的软实力,释放"加速器"效应。事实上,浦东30余年的开发开放,已经成为中国伟大的改革开放进程的重要缩影,形成富有广泛美誉度和传播度的浦东品牌,并在高端要素集聚等方面产生正向的外部效应,实现了良性的循环,并为引领区建设奠定了独特的基础。在软硬实力互动并进上走出新路,是浦东发挥"引领"作用的必然要求。

(一)推动软硬实力相互赋能

深化对"软实力和硬实力内在统一于城市综合实力,既相辅相成、又相对独立"的认知。一方面坚定发展硬实力。发展是硬道理,浦东引领区建设要持续壮大体量规模,更要在发展的质量效益方面走在全球城市前列,经济密度最高,重点产业竞争力最强,关键技术自主掌控,为软实力提升筑牢根基。另一方面着力提升软实力。依托硬实力的物质基础,聚焦标准权、首发权、话语权和定价权发力。一是全面制定浦东标准,包括产业、技术、治理和环境等领域,并努力上升为行业或者国家乃至国际标准;二是抢夺第一效应,把尽可能多的首发、首展、首映、首秀、首卖、受赛汇聚到浦东;三是发出浦东声音,集聚新闻类、信息类媒体机构,提升金融、创新和文化等论坛载体,在经济、创新、文化和治理等领域争夺全球话语权,引领发展潮流;四是推出浦东价格,全面提升各类要素市场、大宗商品市场的能级,把影响国计民生、经济安全的重要定价权牢牢掌控在自己手中。在此基础上,发挥软实力的硬效应,加速全球高端要素向浦东集聚,形成硬实力打造的持续动能。

(二)全面提升营商环境水平

进一步聚焦"商"的本义,要进一步扩大开放、放宽市场准入、释放市

场机会，深化行政审批制度改革，最大程度给予市场主体公平竞争的机会，最大限度地让各类企业进得去、施展得开。同时，向精准化方向迈进。在构筑好普适性的营商环境框架前提下，要聚焦主导产业、重点行业、关键机构和市场主体生命周期的关键阶段，开展精准化的营商环境建设，形成大营商环境体系下的营商环境小生态系统。尤其要关注浦东特有的国际性总部类机构、要素市场、功能性平台等，在人才税负、自然人移动、社会服务配套等方面形成专门的政策体系。

专栏5　东京亚洲总部计划相关配套措施

在落实东京亚洲总部计划过程中，为了改变东京外国人占比逊于纽约、伦敦等其他顶尖全球城市的状况，提高城市对高端人才的吸引力，东京特别制定了"商业辅助支援""生活环境建设"等配套措施。

在商业辅助支援方面，一是商业活动的配套设施。积极促进跨国企业和日本企业的对接，帮助挖掘商业伙伴、拓展销售渠道。二是商业窗口的设置。面向跨国企业，设立关于日本商业习惯、法律法规等的商业整合信息咨询窗口，并提供法律、会计等专业服务。同时，明确窗口以民间从业者为主运行，提高服务的精细化程度。三是行政手续多语言化。可以用多种语言发送行政手续信息。四是东京魅力展示。通过媒体宣传等方式，大力推进东京治安生活环境优越、医疗卫生文化等社会服务发达的魅力展示，提高对人才家庭的吸引力。

在生活环境建设方面，一是设置生活支援窗口。在商业支援窗口的基础上，设立面向外国人的生活服务窗口，提供生活方面的咨询，并代办各种手续。二是扩充外语诊疗机构的数量和范围。在提供外语诊疗医疗机构信息网站的同时，着力扩充用外语接受诊疗的医疗机构。三是完

> 善外国人子女教育环境。让外国大学生在东京能够享受到外语教育，同时完善面向外国人子女的中小学教育环境和国际学校配置。
>
> ——资料来源：根据网络资料整理。

（三）更加突出社会综合配套

社会领域的改革创新是浦东开发开放早期就确立的竞争优势，社会全面进步也是浦东软实力的重要表现，理应成为引领区打造的重要抓手。第一，强化社会组织改革力度。借鉴市场领域清单制管理模式，以"类别正面清单＋行为负面清单"，在有序监管中持续壮大浦东的社会微观主体，培育社会组织品牌。第二，构筑"大城雅居"的厚实基础。强化浦东教育、医疗、生态等领域的竞争力提升，提高均衡化、品质化和国际化水平。改善街角、天际线、景观的美学价值，加速从基本需求到品质生活的跃升，让浦东成为市民栖居的最好家园。第三，在优育和养老等重点领域打造亮点。适应老龄化加剧和三胎放开趋势，探索符合大城市特点的养老和育儿模式，形成具有引领价值的乐龄和亲子环境。

（四）打造现代城市治理体系

治理体系和治理能力现代化提供宝贵的秩序环境，是区域软实力的关键支撑，也是信息化基础设施硬实力的重要体现。现代城市治理体系要求治理理念、模式和手段的全面创新。首先，在治理理念上，重点在"统"，核心在于打破部门分割、领域划分，打通经济治理、社会治理、城市治理、生态治理和政府治理，形成统筹推进和有机衔接的治理格局，形成基于真实世界场景的一体治理和智慧治理。其次，在治理方式上，重点在"智"，深化和优化"一网通办""一网统管"两张网建设，持续推动智慧赋能，以技术倒逼和牵引体制机制改进。第三，在治理主体上，重点在"民"，把群众作为城市软实力的根基，引导群众参与治理、激发群众责任智慧，实现人民城市共建共治共享。

第三节 保障措施

一、构建对表对标机制

引领区建设有中央文件和实施方案的明确指引，在精细分解到各个条线和部门的基础上，应通过督查和定期评估等方式开展任务对表，把握推进节奏。同时，引领区也需要明确外部参照和标杆，通过动态跟踪、全面对比、良性竞合，倒逼自身不懈怠、出新招。可以将深圳和新加坡作为主要的综合性对标区域，并在细分领域对标香港、纽约、伦敦等城市，以及海南等地。

二、创新统计指标体系

统计是精确把握事物动态演变和政策调整改进的重要工具。引领区建设没有前例，也事关改革开放全局，因此有必要创新构建体现引领区内涵和要求的统计指标体系，精准设计指标体系，兼顾包容性、可比性和特殊性。依托定期统计数据，全面展现引领区建设进程，厘清薄弱环节和存在问题并针对性完善，确保引领区如期实现预定目标。

三、完善编制资源体系

引领区建设本质上要处理好政府与市场的关系，优化政府职能，对政府治理提出了更高要求，相应地也需要机构设置和人员配置的保障。浦东应延续机构改革的优良传统，瞄准整合，适时开展政府职能优化和数字化条件下的机构调整，并争取更大的编制资源统筹使用权，实施更加灵活的干部管理和激励措施。

四、细化改革容错机制

打造引领区,走前人未走过的路,关键在改革。深水区的改革需要胆识和魄力,更离不开一大批想干事和敢干事的干部队伍。创新的核心资源是人,改革亦如是,改革同样要更精细更实在的松绑机制。浦东应进一步细化容错机制,在严明纪律底线的基础上,鼓励上级耐心鉴别、敢于为一线创新者发声正名,还可探索建立反向的"不容错"追究机制。

第三章
以创新为根基，打造现代产业体系

习近平总书记在浦东开发开放 30 周年庆祝大会上指出："科学技术从来没有像今天这样深刻影响着国家前途命运，从来没有像今天这样深刻影响着人民幸福安康。我国经济社会发展比过去任何时候都更加需要科学技术解决方案，更加需要增强创新这个第一动力。"对于浦东而言，必须立足开放条件下的自主创新，聚焦产业链核心环节和价值链高端环节，持续推动技术、产业、模式和载体等一体融合发展，不断提升产业体系现代化水平。

第一节　以数字化发展壮大经济驱动力

当前，全球新一轮科技革命和产业变革正在孕育兴起，数字技术革命加速和数字新产业蓬勃发展。我国高度重视数字化发展，明确提出数字中国战略。国家"十四五"规划中明确提出要"加快数字化发展，建设数字中国"。上海"十四五"规划提出，要"全面推动城市数字化转型，加快打造具有世界影响力的国际数字之都"，并出台《关于全面推进上海城市数字化转型的意见》等数字化发展的政策文件。数字化发展成为培育经济发展新动能、推动高质量发展的重要战略抓手。我国进入新发展阶段，坚决贯彻新发展理念，构建新发展格局。经过 30 年来的开发开放，而立之年的浦东被中央赋予新的历史使命，推进高水平改革开放，打造社会主义现代化建设引领区。在此背景下，浦东要加快数字化发展，抓住数字革命和产业变革的重大机遇，有利于培育经济发展新动力，增强国际竞争力，推动高质量发展，打造现代城市的治理样板，支撑社会主义现代引领区建设。

一、重要意义

加快数字化发展，壮大经济驱动力的主要内涵包括三个方面：一是加快推动数字产业化，培育发展数字产业，扩大数字产业规模，壮大经济发展驱动力；二是加快推动产业数字化，推进数字经济与实体经济深度融合，推动数字技术赋能实体经济，提高实体经济生产率，壮大经济发展驱动力；三是加快推动数据驱动发展，培育发展平台经济、在线经济等新业态新模式新产业，壮大经济发展驱动力。

（一）引领社会主义现代化建设、塑造数字时代国际竞争新优势的战略选择

世界发展史充分表明，人类先后经历了农业革命、工业革命、信息革命，每一次科技革命和产业变革都给生产力带来质的飞跃。当前，人类社会正在进入以数字化生产力为主要标志的数字全新时代，美国等发达国家都把数字化作为经济发展和技术创新的重点，把数字化发展作为重要发展战略。数字化发展成为一个国家或地区抢占发展先机和提升竞争力的重要手段，成为一个国家或地区兴衰的关键。当前，浦东进入新发展阶段，站在新的历史起点上，承担着推进高水平改革开放、打造社会主义现代化建设引领区的新的重大使命，必须紧紧抓住数字科技革命和数字产业变革的重要机遇，加快数字化发展，推动全社会数字化转型，充分释放数字化发展的放大、叠加、倍增效应，壮大经济发展驱动力，抢占全球新一轮科技革命和产业发展制高点，牢牢把握数字时代主动权，增强"四大功能"，引领社会主义现代化建设，提升国际竞争力，代表国家参与国际竞争。

（二）推动产业转型升级、打造高质量发展新引擎的现实需要

当前，我国进入高质量发展阶段，以数字产业化和产业数字化为核心的数字经济正成为经济发展新的发展动能。据中国信息通信研究院测算，2020年中国数字经济规模达到39.2万亿元，占GDP的38.6%。国家税务总局税收数据显示，2021年上半年我国数字经济核心产业销售收入同比增长34.2%，数字经济逐步成为经济发展的新引擎。数字化发展从根本上改变了传统经济的生产方式和商业模式，全面渗透和深刻影响生产、流通、消费、进出口各个环节，重塑生产、生活、治理方式，孕育经济发展新动能，赋能实体经济发展，推动经济效率变革、动力变革和质量变革。作为改革开放的开路先锋和社会主义现代化建设的排头兵，浦东要加快数字化发展，抢抓数字化发展机遇，着力推进经济数字化、生活数字化和治理数字化，推动数字经济与实体经济深度融合，率先打造现代产业体系，拓展经济发展新空间，培育经济发展新动能，推动浦东经济高质量发展，加快实现质量变革、效率变革、动力变革，推动产业转型升级，提升浦东产业能级。

（三）推进城市治理体系和能力现代化、打造现代城市治理的示范样板的重要举措

随着经济社会持续快速发展，传统的治理方式和"人海战术"已越来越难以适应现代治理的需要，必须依托现代信息技术变革治理理念和治理手段，全面提升城市治理效能。加快数字化发展，推动经济数字化形成新供给，为治理数字化提供强大动力。作为改革开放的开路先锋和社会主义现代化建设的排头兵，浦东必须充分应用数字等现代信息技术，加快数字化发展，发展壮大数字经济市场主体，以数字技术赋能城市治理，推动城市治理手段、治理模式、治理理念创新，率先构建经济治理、社会治理、生态治理、文化治理统筹推进和有机衔接的治理体系，推进城市治理体系和能力现代化，打造现代城市治理的示范样板，发挥示范引领作用。

二、现状基础

近年来，充分发挥开放优势、服务优势和人才优势，以建设上海自贸试验区和科创中心为抓手，浦东大力推进数字化发展，聚焦数字产业化和产业数字化，推动经济数字化、生活数字化和治理数字化快速发展，数字经济规模不断扩大，软件信息服务业、集成电路、人工智能等数字核心产业走在全国前列，为进一步加快数字化发展、壮大经济驱动力奠定良好基础。

（一）大力推进数字科技创新，数字产业化走在全国前列

近年来，浦东致力于打造"中国芯""智能造""数据港"等六大硬核产业，以张江综合国家科学中心建设为契机，集聚一批张江国家实验室、国家集成电路创新中心等国家级创新平台和科学大装置，创建了首批国家级软件名城示范区和首个国家级人工智能创新应用示范先导区，形成上海集成电路设计产业园、浦东软件园、张江人工智能岛、金桥机器人产业园、金桥5G产业生态园和张江机器人谷等一批数字产业特色园区，数字产业化快速发展，走在全国前列。第一，软件和信息产业位居全国前列，产业规模不断扩大。2020年，软件和信息服务业营业收入突破4455亿元，占全市40%，从业人员达25万人，人均营收位居全国前列。有39家浦东软件企业入选"上海软件企业规模百强"。聚集IBM创新中心、微软物联网实验室、百度飞桨创新中心、红杉数字产业孵化器等全球优质人工智能创新企业和项目，到2020年底，人工智能企业数量达到600家以上。第二，集成电路产业成为上海集成电路产业的核心承载区，是国内集成电路产业链布局最完善、产业集聚度最高、综合竞争能力最强的区域。产业规模不断扩大。2020年，浦东集成电路产业销售规模1471.1亿元，同比增长20.5%，占全市71%。聚集一批领军企业，包括芯片设计企业中全球前10强中有6家在浦东设有总部或研发机构，国内前10强中有4家总部，聚集一批集成电路制造、设计、封装测试以及设备材料等国内外知名企业。第三，机器人产业快速发展，成为上海机器人产业链最完备的产业化基地。聚集ABB等国内外知名机器人龙头企业及机器人创新企业80余家，年工业产值达117亿元，形成机器人产业集群发展态势。第四，以5G为核心通信产业快速发展，打造全国领先的5G协同创新示范区，加快新区5G网络建设，探索5G赋能硬核产业。2020年底，浦东已实现5G网络的连续覆盖，2021年6月底，已建成5G室外基站10662个，同时，在金桥5G产业生态园、张江5G产业圈和陆家嘴—世博5G应用带（"一园一圈一带"）重点布局相关产业和示范应用，已建成各领域5G示范应用60余项，努力打造在全国乃至全球具有重要影响力的5G研发、成果转化和产业应用高地。

（二）着力推进数字赋能，产业数字化进展明显

近年来，充分发挥良好的数字产业基础优势，以市场需求和数字场景建设为牵引，推进数字技术赋能经济社会发展，推动产业数字化、生活数字化和治理数字化，浦东城市数字化转型取得积极进展。第一，龙头制造业企业数字化转型成效明显，大力推进智能工厂建设。2020年，上汽通用汽车有限公司（凯迪拉克数字化工厂）等8家头部制造业企业被市经信委授牌为智能工厂，占市授牌的40%。第二，金融、商业、教育、医疗等服务业数字化转型大力推进，服务业数字化转型成效明显。浦东发挥金融数据海量、应用场景丰富的优势，建设金融数据港大力发展金融科技，推动金融业数字化转型。2021年7月28日，金融数据港正式开港。建设一批智慧商圈，推动传统商业数字化转型，如世博源购物中心，成为全球人工智能大会的智能场景应用示范；智慧医疗加快推进，例如仁济医院数字化建设、智慧校园建设等。第三，治理数字化转型全国领先，"一网通办"和"一网统管"建设走在全市前列。浦东率先打造全国第一个城市运行中心，建设1.0版城市大脑。2021年，浦东加快经济治理、社会治理和城市治理场景建设整合，已形成10类57个整合场景，打破部门、条块、层级之间壁垒，实现协同联动、集成服务的转变。

（三）着力推进数字驱动发展，在线经济等新业态新模式持续涌现

近年来，充分发挥软件与信息产业优势，依托大规模市场和场景，大力推进数字驱动产业发展，工业互联网、在线经济、平台经济等新业态新模式不断涌现，聚集一批平台型企业和大数据企业，走在全国前列。第一，工业互联网产业发展迅速，产业规模不断扩大。浦东已集聚工业互联网企业50多家，占全市的25%，拥有5个行业级工业互联网平台及15个专业服务商。第二，生活消费领域互联网平台企业不断涌现，例如，盒马、叮咚买菜、天天果园等消费互联网平台企业及壹药网、波奇网和安师傅等生活服务性平台。第三，在线经济蓬勃发展，规划建设张江在线经济生态园，紧紧围绕在线研发设计、在线医疗、在线教育、在线文化娱乐，打造在线经济高地。

三、问题瓶颈

对比世界一流地区和国内先行地区，浦东数字化发展和数字经济发展还有较大差距。通过对标深圳、杭州等国内先行地区和深入调研，浦东加快数字化发展，壮大经济驱动力面临以下主要问题。

（一）软硬件"卡脖子"问题突出

软硬件"卡脖子"主要体现在三个方面。一是工业软件、基础软件等底层基础软件"卡脖子"问题突出，基本上由欧美国家企业垄断，国内严重缺乏。例如，一家大型企业反映，在自动化码头全产业链中，底层TOS操作系统、与平台相融合的设计软件和工业软件都由欧美国家企业提供，自身只能在此基础上做二次开发，严重受制于国外。第二，集成电路装备材料等"卡脖子"问题突出，目前主要依赖于进口，尤其是在高端芯片制造领域。国内晶圆代工水平与全球规模最大、技术最先进的台积电相差两代以上，装备材料领域整体相差国际先进水平5年以上。第三，机器人、数控产品等部分核心零部件缺乏，"卡脖子"问题突出。部分核心零部件严重依赖进口，在全球疫情严重情况下，全球供应链产业链受到影响，进而影响到企业生产。例如汽车领域的"缺芯"问题。

（二）中小企业数字化转型存在"不敢转""不会转""不想转"等现象

大型企业数字化转型成效明显，而中小企业数字化转型严重滞后，主要表现在：第一，中小企业"不敢转"，由于数字化转型投入大，中小企业担心数字化转型不能成功而遭受经济损失；同时，由于缺乏产业链上下游协同，中小企业担心数字化转型不能发挥作用，进而耽搁商机而遭受损失。第二，中小企业"不会转"，由于缺乏人才和技术支撑，中小企业数字化转型严重依赖外部力量，进而严重影响中小企业数字化转型。第三，中小企业"不想转"，主要原因是缺乏激励机制，中小企业数字化转型往往难以获得财政资金支持和金融机构融资支持；另外，部分中小企业对数字化转型认识不足，认为当前企业还未到数字化转型发展阶段，数字化转型意愿不强。

（三）数据确权、流通、交易等困难重重

数据是数字化发展和数字经济发展的关键核心要素。缺乏数据，数字化发展和数字经济发展就无从谈起。由于缺乏相关数据法律法规及相关制度，数据确权难、流通难、交易难等问题突出，进而制约数据要素市场化配置改革，影响数据驱动产业发展，影响数字化发展和数字经济发展。例如，由于缺乏确权，市场上大量第三方数据闲置，数据无法流通交易使用，以及由于缺乏相关制度明确，大型金融机构间数据流通交易难以实现，金融数据交易市场长期低迷。

（四）数字场景建设供需对接、数字技术产学研联动渠道不畅

数字化场景建设是城市数字化转型和数字化发展的"牛鼻子"，数字技术突破是数字化发展的前提。在场景建设及数字技术产学研方面存在"点上"供需对接，但缺乏机制化、制度化的"线上""面上"的供需对接平台。例如，调研中部分人工智能企业反映，需要政府搭建场景对接平台，方便企业数字技术应用。另外，为提升国产化产品应用水平，需要政府搭建对接平台，打造国产数字产品应用生态，推动国产化产品应用，逐步解决"卡脖子"问题。

（五）头部企业、解决方案系统集成服务商不足

一方面，对比中关村、杭州、深圳等数字化发展先行地区，浦东数字化企业仍以大型国企为主，缺乏具有影响力的本土数字企业，尤其是缺乏具有

行业影响力的头部平台型、总部型本土企业。另一方面，浦东数字企业数量远少于深圳、杭州等先行地区，差距较大，解决方案系统集成服务商不足，影响城市数字化转型和产业数字化转型。以信息与软件服务业为例，第四次全国经济普查数据显示：深圳软件与信息服务业企业法人数量达到56295个，从业人员56.46万人；杭州企业法人29670个，从业人员39.75万人；浦东企业法人只有4734个，从业人员14.89万人。

表 3-1　深圳、杭州、浦东三地信息与软件服务业情况

地　区	企业法人数量（个）	从业人员（万人）
深圳	56295	56.46
杭州	29670	39.75
浦东	4734	14.89

数据来源：各城市第四次全国经济普查数据公告。

（六）传统产业数字化专业人才"难觅""匮缺"比较普遍

数字化专业人才是企业数字化转型的重要支撑。由于不同行业数字化转型的需求不同、条件不同，企业数字化转型对既懂数字也懂行业特征的复合型人才需求量大。数字化专业人才严重不足，尤其是传统产业和中小企业基本上缺少数字化专业人才配备，这就严重制约传统产业和中小企业数字化转型。

（七）数字化发展支持政策分散、粗放，缺少精细化、精准性

缺少针对数字化发展或城市数字化转型一揽子政策体系，政府支持政策分散到不同部门或针对不同行业，缺乏系统性、精细化和精准性。例如，政府缺少对电商企业财政资金扶持政策，获得支持较少。新区对制造业技改资金扶持很难覆盖到中小企业，基本上以大型或头部制造业为主。

（八）数字化发展推进思路、目标和路径不明晰，统筹推进机制还不够健全

浦东在数字化发展方面缺乏顶层设计，主要体现在：第一，数字化发展

相关政策规划还未出台，缺乏数字化发展相关规划和政策，数字化发展目标、重点和路径还不清晰。上海"十四五"规划中对城市数字化转型、建设国际数字之都进行战略部署，并陆续出台相关政策规划，例如《关于全面推进上海城市数字化转型的意见》《推进上海经济数字化转型赋能高质量发展行动方案（2021—2023）》《推进上海生活数字化转型构建高品质数字生活行动方案（2021—2023）》《上海市促进城市数字化转型的若干政策措施》等。国内其他地区也出台数字化发展相关规划政策等举措。例如，广东省发布《关于加快数字化发展的意见》，深圳市出台《深圳市数字经济产业创新发展实施方案（2021—2023）》，杭州市出台《杭州市数字经济发展"十四五"规划》等。第二，数字化发展统筹推进机制不明确，缺少区级层面数字化发展领导体制机制和条块协同推进机制。2020 年底，市级层面成立以市委、市政府主要领导为组长的"双组长"城市数字化转型领导体制，设立城市数字化转型办公室。深圳、杭州等地区都成立市主要领导任组长的统筹领导体制。第三，数字经济缺乏统计数据，数字经济底数不清。新区数字经济方面主要有信息与软件信息服务业等部分产业统计数据，缺乏完整系统的统计数据。早在 2018 年，浙江省、杭州市就建立数字经济核心产业统计分类目录，对数字经济进行统计分析。2021 年 5 月，国家统计局发布《数字经济及其核心产业统计分类（2021）》。此外，衡量制造业企业数字化水平的指标生产设备数字化率、关键工序数控化率、数字化设备联网率等统计数据缺乏，包括中小企业"上云"等缺乏统计数据。

四、对策建议

深刻把握数字化发展带来的生产方式转型、经济结构重构、生活方式变迁和治理方式变革的历史大势，抢抓全球新一轮科技革命和产业变革的重大机遇，以推进高水平改革开放、打造社会主义现代化建设引领区为契机，聚焦经济数字化、生活数字化和治理数字化等重点领域，以"数字产业化"和

"产业数字化"为主线，从供给侧和需求侧双向发力，聚焦数字技术创新、数据要素高效配置、数字核心产业发展、产业数字化转型、数字生态、新型基础设施体系构建等关键环节，系统谋划推进、统筹资源要素、创新体制机制，营造国际一流的数字化发展环境，着力破解数字化发展面临的问题瓶颈，着力提升数字化发展能力，全方位赋能经济社会整体转型，全面建设数字浦东，壮大经济发展新动能，推动数字经济加快发展，努力打造成为全球领先的数字化发展高地。

（一）强化顶层设计，健全数字化发展工作推进机制

围绕数字化发展，加强数字化发展组织领导，强化统筹协调，发挥规划引领作用，加快形成强有力的数字化发展体制，为数字化发展提供有力保障。

一是健全数字化发展统筹协调机制。为统筹数字化资源要素，推动数字化发展工作落实到位，建立以区主要领导为组长的数字化发展领导小组，建立健全区级数字化发展推进机制，加强数字化发展重大政策和重点任务的统筹推进和督促评估，及时协调解决跨区域、跨领域和跨部门的重大问题。同时，建立健全各部门、各园区和镇级政府推动数字化发展的落实机制，强化各相关政府部门数字化发展责任。强化监督考核，建议建立健全数字化发展考核机制，研究制定数字化发展考核指标体系。

二是研究制定数字化发展规划。深入贯彻落实市委市政府对城市数字化转型意见，结合浦东发展实际，发挥规划引领作用，尽快研究出台浦东新区数字化发展和重点领域专项规划、行动方案或意见，明确数字化发展目标、重点方向、发展路径，加快形成数字化发展施工图、路线图，为推动数字化发展提供有力支撑。同时，设立数字化发展专家咨询委员会，为浦东数字化发展工作提供决策参考和建议，推动数字化发展科学性、专业性。

三是建立数字经济统计监测指标体系。针对目前缺乏数字经济完整统计数据情况，根据国家发布的数字经济及核心产业统计分类，结合浦东数字经

济发展实际,建立健全数字经济发展综合评价体系,完善数字经济产业及其细分领域的指标统计方式方法,加强数字化发展运行监测和综合分析,为新区数字化发展决策参考和考核评价提供数据有力支撑。

(二)着力突破"卡脖子"技术,健全数字技术创新体系

打造自主创新新高地是中央交给浦东新的战略使命。习近平总书记在浦东开发开放30周年庆祝大会上的讲话中明确提出,浦东要在基础科技领域作出大的创新,在关键核心技术领域取得大的突破,更好发挥科技创新策源功能。为着力破解数字化发展中"卡脖子"瓶颈,发挥浦东开放、人才和产业优势,健全数字技术创新体系,打好数字领域关键核心技术攻坚战,突破一批数字关键核心技术,着力解决"卡脖子"问题,为国家数字化发展作出贡献。

一是明确数字关键核心技术主攻方向。依托浦东产业、开放等优势,抓住建设张江综合性国家科学中心的重要机遇,研究制定浦东数字技术创新发展规划,明确浦东数字关键技术主攻方向和发展路径,集中资源要素,加大攻关力度,布局数字技术创新中心,充分激发全社会科技创新热情和动力。

二是健全"政产学研用"合作机制。为更好发挥各创新主体作用,搭建"产学研"公共服务平台,健全企业、科研机构等"产学研"合作机制,完善数字共性技术"政产学研"合作机制,完善数字关键技术研发创新的"赛马"机制,强化数字技术的科技创新。为推动数字新技术应用,建立健全"产学研用"合作机制,搭建数字化转型场景"沙箱",支持数字底层技术开展早期试验验证。为推动数字关键核心技术推广应用,研究制定关键技术应用推广清单,推动新技术新产品应用示范,完善新技术新产品应用生态,促进数字新技术新产品升级换代。

三是健全数字技术开放创新体系。发挥上海自贸试验区优势,推进数字技术开放创新,搭建数字技术开放创新平台,鼓励支持龙头企业设立开放创新平台,建立数字技术开放创新网络,实施"走出去"和"引进来"创新战略,引进国际数字人才,鼓励支持龙头企业到海外设立研究创新中心。

（三）抓住数字场景建设"牛鼻子"，建立健全数字场景开发建设机制

场景开发建设是城市数字化转型的"牛鼻子"，也是数字化发展的重要抓手。要紧紧抓住数字场景建设"牛鼻子"，以场景建设为引领，加快推动数字化发展，培养新业态新模式，壮大经济驱动力。

一是建设一批数字示范场景。紧紧围绕新基建、新金融、新制造、新电商、新健康、新消费、新治理等重点领域，研究制定数字示范场景建设方案，制定数字示范场景清单，年复一年推进数字场景建设，打造一批数字示范场景，发挥示范引领作用，以场景建设牵引数字新技术开发应用，培育数字新业态新模式。

二是建立健全数字场景建设供需对接机制。探索"政府搭台、企业出题、企业答题"模式，发挥政府引导作用，搭建数字场景开发建设供需对接公共服务平台，建立健全数字场景建设供需对接机制，推动数字场景供需信息共享互通，促进数字场景建设供需对接，推动城市数字化转型，加快数字化发展。

三是完善数字场景开发建设市场化机制。充分发挥市场机制作用，建立数字场景开发建设的"揭榜挂帅"和招投标等市场化机制，推动有序发布应用场景建设需求，广泛征集场景解决方案，依规遴选优秀解决方案。鼓励各类市场主体开展同台竞技和技术产品公平竞争，形成具有内在驱动力的多方参与数字场景开发建设机制，推动市场化力量平等公平参与数字场景开发建设。

（四）加强数字赋能，健全数据要素高效配置体系

数据是数字经济发展的核心要素。围绕破解数字化发展中面临"缺乏数据驱动"问题，强化数据开放共享的制度保障，推进数据要素市场化改革，加快构建数据要素高效配置体系，推进数据价值化，推动数字驱动产业发展，培育新业态新模式。

一是建立健全数据开放共享制度。以全国人大常委会授权上海市人大及其常委会制定浦东新区法规为契机，发挥浦东新区先试先行作用，以问题为导向，结合浦东数字化发展需要，加快数据立法工作，对数据确权、开放、交易和保护作出明确规定。同时，建立跨部门数据共享开放的法律，系统梳理政府机关、企事业单位、政务服务机构、城市安全管理机构等数据资源，建立公共数据资源目类清单，坚持"以共享为原则，不共享为例外"，加强各部门及企事业单位清单内数据互联互通，构建区级大数据共享库，为"一网通办"和"一网统管"提供数据支持，彻底解决部门间数据标准不统一、共享机制不明等问题。

二是建立健全数据开放共享机制。为破解"缺数据"问题，建立健全以应用场景为授权的公共数据商业开放机制，完善政府数据开放机制，推动公共数据分类分级向社会开放共享。建立健全企业数据利益共享机制，创新社会数据开放共享模式，鼓励企业以数据交换、合作开发等多种方式，推动社会数据向平台流通，促进社会数据互联互通，为数字化发展提供数据支持。

三是推进数据要素市场化配置。以打造社会主义现代化建设引领区为抓手，加快推进国际数据港和数据交易所建设，明确数据交易所功能定位和发展路径。同时，以数据交易所建设为契机，推进数据要素市场化改革，建议数据要素市场化遵循从"点"到"线"再到"面"的改革路径，率先在点上突破，在金融数据市场化改革先行探索，推动金融数据港建设。

（五）创新支持政策，营造国际一流的数字化发展环境

聚焦数字化发展中痛点堵点难点，深化"放管服"改革，创新支持政策，强化数字化发展的资源要素保障，着力破解企业数字化转型面临的问题，打造公平竞争的数字化发展环境。

一是激发社会和市场活力。充分发挥改革开放的开路先锋作用，坚持问题导向，深化数字化发展领域"放管服"改革，着力破解数字化发展体制性障碍，结合数字新技术新产业等发展特点，建立审慎包容的监管方式，加强数据垄断监管以及数据安全、个人隐私保护。针对数字时代对知识产权保护

难度大、要求高等形式，着力解决数字知识产权盗窃、占用和侵权等高频多发问题，拓展传统知识产权保护制度，完善数字知识产权保护制度，补齐数字知识产权保护制度短板，加强数字知识产权侵权执法，加大对数字知识产权侵权等违法行为处罚力度，营造数字化发展的法治环境。

二是强化资源要素保障。创新财政资金支持数字化加快发展新机制，统筹各部门和各行业等领域对数字化发展的财政专项资金，优化整合各类财政资金，调整重点支持领域和方向，重点支持数字关键技术攻关和中小企业数字化转型，研究制定中小企业数字化转型资金支持政策，加大对数字关键技术攻关和中小企业数字化转型的支持力度。落实好高新技术企业所得税减免、研发费用加计扣除、股权激励等各项税收优惠政策，全面保障数字科技企业尤其是中小型数字科技企业的发展。支持银行、担保、小额贷款等机构创新融资方式，通过信贷风险补偿、应收账款抵押、融资担保等方式，鼓励支持金融机构开发"云量贷""人才贷"等适合新业态新模式发展的产品和服务，支持创业投资机构设立数字经济领域专业投资基金。创新人才支持政策，支持企业招聘数字化专业人才，加强在数字化关键人才引进时给予落户、住房、医疗保险和子女教育等方面的政策倾斜。加大数字化技能的大规模培训，把数字化人才各类培训纳入职业培训政府补贴范围，加大政府对企业数字化人才培训补贴力度，提高数字化人才培训补贴资金。大力推进"人才＋产业＋项目"培养模式，支持企业面向高校和职业院校开放数字化技能实践岗位，在浦东建设一批数字化转型的人才培养教育和实训基地。

三是加快数字新型基础设施建设。数字新型基础设施是数字化发展的重要支撑。围绕数字场景建设和城市数字化转型，加快数字新型基础设施建设，研究制定新区基础设施建设规划，鼓励社会资本投资数字基础设施，建设一批新型基础设施示范区，为新区数字化发展和城市数字化转型提供有力基础支撑。

第二节　以新材料夯实硬核产业基础

一代材料铸就一代装备，强大一代产业。材料是人类文明的基石，也是工业的基础。材料工业的发展水平和质量，直接影响和决定着一个国家工业化与制造业的发展水平和质量。新材料是指新近发展或正在发展的、具有优异性能的结构材料和有特殊性质的功能材料。新材料产业涉及先进玻璃材料、先进陶瓷材料、纤维及复合材料、新型建筑材料等重要专业领域，涵盖上万种具体产品，是我国新一代电子信息技术、航空航天、轨道交通、生物医药、高端装备制造、节能环保等领域的关键基础原材料，支撑着我国战略性新兴产业的发展。加快培育和发展新材料产业，推动其从量的积累迈向质的飞跃、从点的突破迈向系统能力的提升，具有重要意义。

一、战略意义

2017年6月22日，习近平总书记在山西考察时指出："新材料产业是战略性、基础性产业，也是高科技竞争的关键领域，我们要奋起直追、迎头赶上。"开发开放30年，浦东基本形成了以现代服务业为主体、战略性新兴产业为引领、先进制造业为支撑的现代产业体系。[1] 面对百年未有之大变局，为了适应新一轮科技变革、助推国家科技自主自强、支撑"六大硬核产业"发展、推动经济高质量发展，浦东需要高度重视新材料产业，并提早谋划、尽早布局、加快发展。

（一）适应新科技和产业变革趋势的必然选择

新材料是新一轮科技革命和产业变革的基石与先导。[2] 随着第四次科

---

[1] 习近平：《在浦东开发开放30周年庆祝大会上的讲话》，新华网，2020年11月12日，https://baijiahao.baidu.com/s?id=1683152104706060434&wfr=spider&for=pc。

[2] 肖劲松：《打造材料强国，引领未来产业发展》，《新经济导刊》2021年第3期，第22—25页。

技革命和产业变革的不断深入，制造业成为国际竞争的重要领域。作为支撑现代制造业的"底盘技术"之一，一方面，新材料技术不断突破，全球新材料产业保持稳步增长态势，并涌现出一批创新材料和新物质结构。据相关机构测算，2019年全球新材料产业规模达到2.82万亿美元，同比增长10%。其中，全球先进基础材料产值占49%，关键战略材料产值占43%，前沿新材料产值达8%。[1] 新材料产业已成为引领新一轮科技革命和产业变革的重要驱动力。另一方面，革新性新材料的发明、应用是发展其他各类新技术产业的物质基础，随着科技的发展，新材料对其他领域迭代和发展的先导性作用越来越凸显。如，新一代信息技术的发展依赖于高纯硅等半导体材料技术的重大突破，航空航天装备的研发需要高性能碳纤维复合材料的创新来推动，海洋工程和高技术船舶、新能源等领域的发展均对新材料的纯度、性能等提出更高要求。因此，浦东要把握全球科技前沿，做大做强具有世界竞争力的高新技术产业，就必须要住关注新材料发展、重视新材料产业在推动科学技术发展和产业变革升级中的引导性、基础性作用。

专栏6 全球新材料市场概况

据有关机构测算，2019年全球新材料产业规模达到2.82万亿美元，同比增长10%。目前，全球范围都在积极发展新材料，尤其是发达国家，因为新材料是国际竞争的重点领域之一，也是决定一国高端制造及国防安全的关键因素。

从材料结构来看，先进基础材料产值占49%，关键战略材料产值占

---

[1] 任佳美：《新材料产业的发展趋势及热点领域》，东滩顾问，2020/08/25，https://www.jiemian.com/article/4880670.html，2020年8月25日。

43%，受3D打印材料、石墨烯、超导等新兴产业技术不断突破，前沿新材料比重有所上升，达8%。

从产业分布来看，发达国家（比如美国、日本）和俄罗斯等在新材料产业处于全面领先地位，韩国、新加坡等国紧跟其后，除中国、印度、巴西等少数国家之外，大多数发展中国家的新材料产业较为落后。从新材料产业的企业分布来看，世界上新材料龙头企业主要集中在美国、欧洲和日本，其中，日、美、德6家企业占全球碳纤维产能70%以上，日、美5家企业占全球12寸晶圆产能量的90%以上，日本3家企业占全球液晶背光源发光材料产量的90%以上。

——资料来源：东滩顾问。

（二）助推国家实现科技自主自强的责任担当

当前世界正在历经百年未有之大变局，国际格局深刻调整，全球化遭遇逆流，全球供应链、产业链、价值链正受到极大挑战。以美国为首等西方国家对中国的技术封锁和战略遏制在短期内不会消除，我国不少关键领域正面临技术断供和"卡脖子"风险，新材料是典型受制于人的领域之一。根据国家工信部、科技部和自然资源部三部门印发的《"十四五"原材料工业发展规划》，提出"促进产业供给高端化"和"保障产业体系安全化"，一方面要"健全创新体系，攻克关键技术，突破关键材料，提高产品质量"；另一方面要"提高资源保障能力，增强配套支撑能力，提升安全生产水平"。[1]材料领域的安全已成为影响我国供应链安全和产业升级的重要瓶颈。党的

---

[1] 孙淑红、汝晓文：《工信部等3部门：印发〈"十四五"原材料工业发展规划〉》，载中国发展网 https://baijiahao.baidu.com/s?id=1720630388783886274&wfr=spider&for=pc，2021年12月31日。

十九届五中全会强调,"坚持创新在我国现代化建设全局中的核心地位,把科技自立自强作为国家发展的战略支撑"。建设材料强国,打造"大国筋骨",对于保障国家安全、实现科技自主自强具有举足轻重的意义。浦东是中国改革开放的重要窗口,是国家战略的密集承载区,是上海"五个中心"建设的核心承载区,是全球科技创新的核心功能区。因此,浦东有义务、有责任率先突破新材料技术短板和瓶颈,加强新材料领域的发展规划和全局性谋划,瞄准国际新材料最高标准、最好水平,聚焦最有条件、最有优势的材料领域,为国家建设高水平、高能级的新材料产业创新体系探路先行。

专栏7　中国关键新材料现状

尽管我国新材料产业实现了快速发展进入材料大国行列,但与高质量发展的要求相比存在明显的短板与不足,表现为:

(1)产品结构不合理,高端材料领域供给严重不足,低端品种产能过剩,关键材料严重依赖进口。

(2)核心技术受制于人,成果转化较缓慢。具体表现为中国许多材料的制造设备是世界最先进,但却生产不出最先进的材料;中国新材料原始创新能力不足,共性技术研发与支撑能力不强;部分领域的核心技术被美国、日本、德国掌控,而中国关键零部件设备仍大量依赖进口。

(3)国际市场竞争力偏弱。中国企业之间、区域之间协作不充分;除部分骨干企业技术设备接近或达到国际先进水平,大部分中小企业技术装备落后。

——资料来源:新材料在线。

（三）助力浦东硬核产业倍增发展的战略支撑

当前，浦东正在打造以"中国芯""创新药""蓝天梦""未来车""智能造""数据港"为核心的六大硬核产业体系，制定到2025年培育形成六个"千亿级规模的硬核产业集群"的发展蓝图。发展"硬核"产业的首要任务之一就是要提升新材料产业基础能力和供给配套。从应用领域来看，由于新材料具有覆盖范围广、资本技术密集、产品附加值较高等优势，被广泛应用于"硬核"产业的建设工作中并起到基础性支撑作用。如高纯砷半导体材料是构造"中国芯"的关键，先进高分子材料的研发与应用是支撑"创新药""蓝天梦"的重要基础。坚持"六大硬核产业"倍增发展战略，推动产业持续迭代，需要新材料不断提升支撑保障能力。但不容忽视的是，与"硬核"产业的快速发展和高端发展需求相比，新材料的制约愈发凸显，支撑保障能力不强、原始创新能力不足、质量基础设施建设薄弱等问题突出。因此浦东必须立足硬核产业体系，加强在新材料领域的发展规划，推动重点产业领域发展所需要的关键战略材料和配套材料的基础研究与应用创新，提升新材料对"六大硬核产业"的基础支撑能力。

（四）寻找浦东产业经济新增长点的前瞻之举

区域发展需要持续的创新动力，产业体系始终处于动态优化过程之中，科技创新成为决定全球竞争格局最重要、最根本的因素之一。探索他国没有形成的技术，掌握他国所不掌握的高新科技，创造市场还未出现的新需求，成为国内外先发区域高度重视、重点培育的战略举措。随着区域间竞争的不断加剧，产业竞争日趋白热化，新材料产业对经济高质量发展和产业链现代化的支撑作用不断彰显，成为各地方政府着力推进的产业集群之一。国内多个省市正在密集发布促进新材料产业发展的相关政策和规划，大力发展新材料产业。浦东作为上海经济的重要支撑和产业重镇，尽管已经具有高度现代化的产业体系，但是面对激烈的竞争，浦东必须未雨绸缪，加速培育发展战略性新兴产业，不断夯实区域发展的产业基础。随着制造业转型升级和其他新兴产业发展步伐的加快，新材料产业的巨大潜在发展空间和显著溢出效应对我国迈向产业链现代化、实现制造业高质量发展的支撑作用将会持续显现。因此，浦东需要把新材料置于更加重要的地位，集中资源、加速发展，不断厚植浦东的产业深度，为浦东产业体系的进一步优化和产业能级的进一步提升奠定扎实基础。

专栏8　中国新材料产业发展现状

据有关机构测算，自2010年以来，中国新材料产业规模继续保持快速增长，由2010年的6500亿元增长至2018年的约42000亿元左右，年均增速超过25%。2019年，我国新材料产业总产值已增长至4.5万亿元，年复合增长率超过了20%。预计2020年，中国新材料产业规模将提升到5.5万亿元，到2025年，产业规模将达到10万亿元。

目前，我国新材料产业已形成产业集群发展模式，基本形成以环渤海、长三角、珠三角为轴心，东北、中西部特色突出的产业集群分布，各区域材料产业的发展和空间分布都各有优势、各具特点。

北京、深圳、上海、苏州已经成为国内四大纳米材料研发和生产基地；京津地区、内蒙古包头、江西赣州及浙江宁波等地则成为稀土钕铁硼材料的主要生产基地；武汉、长春、广州、厦门成为光电新材料的主要产业基地。

2015—2018年，在政府支持与市场驱动的双重助力下，新材料领域的创业和投资产业基金快速增长，规模已经超过千亿。仅2019年上半年，显示材料产能扩充方面的投资超过400亿元（已公布）；已公布交易金额的并购案中，金额最高的10起并购案总金额超过160亿元，涉及新材料有4起；新增11家新材料上市公司中，江苏3家，四川2

> 家，广东、山东、辽宁、陕西、浙江、上海各1家，实际募集资金总额合计55.63亿元。
>
> ——资料来源：新材料在线。

二、发展现状

浦东是上海"五个中心"和"上海制造"的重要承载区。无论是产业规模、结构、布局，还是产业创新能力，浦东新材料产业发展已经具备良好基础。但是，从全球科技产业发展和国内产业地位匹配角度看，浦东还需要进一步推动新材料产业发展。

（一）新材料产业规模呈现快速增长趋势

一方面，新材料企业数量增长迅速。2020年7月，浦东新区规模以上新材料企业共70家，较2018年的52家增加18家，增长34.62%。但是从企业规模来看，浦东新材料产业急需进一步加快发展。

另一方面，新材料工业企业产值稳步增长，而且重点企业贡献突出。2020年1—10月，浦东新区规上新材料工业企业总产值336.14亿元，同比增长18.51%。其中，2020年1—10月产值排名前10的重点企业工业产值合计约236.7亿元，占全行业的70.42%。

（二）浦东新材料产业结构呈现良好发展态势

一是新材料国内企业的产业地位日益提升。2020年浦东新区的新材料企业涉及国有企业、民营企业、外资企业、外商独资等各种所有制形式。其中，国有企业、民营企业在浦东新材料企业中占44.2%，国内企业在新材料产业领域的产业地位较为显著。但是，与2018年国内企业占比57.7%相比，地位略有下降。

二是新材料产品涉及行业范围广泛，但行业集中度较为显著。2020年浦东新区新材料产品共涉及20类行业，比2018年增加1家。其中，化学原料和化学制品制造业、橡胶和塑料制品业、建工行业、金属制品业和非金属矿物制品业五大类行业的企业数量为50家，占全部企业数量的71.43%。

三是新材料产业对浦东硬核产业的支撑作用初步显现。以支撑"硬核"产业的新材料产业产值占"六大硬核"产业产值的比重来衡量，浦东新区新材料产业对"蓝天梦"的支撑作用非常显著；对"智能造""未来车""创新药""中国芯"的支撑能力正在显现；随着大飞机制造投产和交付，新材料产业对"蓝天梦"的支撑作用将更加突出。考虑到软件服务行业本身特性，浦东新材料产业对"数据港"的支撑能力也表现较为良好。

四是一些唯一性和创新性的新材料企业正在加速成长。比如，上海超导科技公司在第二代高温超导带材领域具有领先的技术水平，公司实力在国际上排名第四，在国内位居榜首，占有国内90%以上的市场。又如，安集微电子科技（上海）在半导体领域已经迈入国际先进行列，经过十多年的持续研发投入，主要产品化学机械抛光液和光刻胶去除剂已经形成系列产品，研发累计形成国际技术专利181项。再如，动之医学技术公司在医疗器械领域上具有较先进的技术水平，公司成立不到2年，已经研发形成7项技术专利。

（三）浦东新材料产业发展的产业集中度较高

新材料产品应用范围广泛。新材料产业的产品涵盖电子、汽车、航空航天、船舶、生物医药、电力、水利、钢铁、环保、家电、建筑、基础设施建设等领域。其中，高端金属结构材料主要应用于汽车、家电、高端装备及基础设施建设等领域；高性能复合材料主要应用于汽车、轨道交通、船舶、航空航天、石油化工、工程机械、钢铁、环保、家电、建筑、基础设施建设等领域；特种金属功能材料主要应用于电子行业和能源产业；先进高分子材料主要应用于电子电器、电气、机械、汽车、船舶、航空航天、生物医药、医疗器械、钢铁、能源、建筑等领域；新型无机非金属材料主要应用于生物医药、医疗器械、汽车、光通信、电子产品、航空航天、精密机械、化工等领域。

但是，浦东新材料产品主要集中在先进高分子材料和高性能复合材料两大领域。按照上海市新材料聚焦的六大重点领域划分，2020年浦东新区新材料产品主要集中在先进高分子材料和高性能复合材料，两大领域的企业数量为38家，占全部企业数量的54.29%。与2018年占比73.08%相比，两大领域企业数量占比下降程度较为明显，浦东在高端金属结构材料、新型无机非金属材料及特种金属功能材料等多领域的产业布局初显，并稳步发展。

（四）浦东新材料产业的技术创新能力较强

在研发方面，新材料企业大多拥有自己的研发团队或企业技术中心。根据企业是否具备研发能力，将浦东新区规上新材料企业制造类型分为研发制造类和生产制造类两大类。在规模以上新材料企业中，浦东生产制造类新材料企业增长速度明显加快，说明浦东产业结构调整中，产业化落地政策在新材料产业领域取得一定成效。

在技术创新方面，新材料产业的技术创新水平较高，骨干企业自主创新能力较强。2020年浦东新区规上新材料企业中，20家产品属于国际领先水平，25家产品属于国内领先水平，两者占总数的86.6%。如康宁（上海）有限公司在特殊玻璃、陶瓷和光学物理领域具有顶级产品和先进技术。上海杉杉科技有限公司在锂电行业领域拥有60项国家专利授权的发明技术，技术领先国际水平。

三、其他地区的经验借鉴

近年来，国内新材料产业发展受到各地高度重视，并取得显著成效。深圳、苏州、宁波新材料产业园享誉国内外。总结和研究这些先进地方的经验和做法，对浦东加快发展新材料产业有重要借鉴意义。

（一）高度重视新材料产业的战略地位

新材料产业是支撑国民经济发展的基础产业，也是发展其他各类高技术产业的物质基础。纵观国内先进城市发展新材料产业的经验做法，最重要也是最基本的就是高度重视新材料产业，将新材料产业放到重要战略地位来优先发展。比如，自2010年起，苏州就把新材料产业列为八大战略性新兴产业之一，将新材料作为发展重点；2016年，苏州开始实施新兴产业跨越计划，明确了新材料产业是苏州打造先进制造业集群、构建自主可控的先进制造业体系的支撑产业。又如，早在2011年，深圳就出台新材料产业振兴发展规划和政策；2016年，在深圳出台的战略性新兴产业发展"十三五"规划中，新材料被列为五大重点发展方向，其中强调了新材料产业作为战略性新兴产业对于深圳构建高端高质高新的现代产业体系的先导作用。

（二）打造高水平产业集聚区

新材料产业属于知识密集型、技术密集型和资金密集型产业，发展新材料要依靠独特的优良性才能取胜，与新技术密切相关。国内先进城市通过建设产业集聚区，聚集并整合各方高端资源，有效地推动技术创新，促进新材料产业发展壮大。比如，位于苏州工业园区的苏州纳米城是全球知名的八大纳米产业集聚区之一。截至今年，纳米城已经聚集近300家纳米技术相关企业，为纳米新材料产业的发展提供有力支撑。又如，位于深圳光明新区的高新技术产业园区，聚集了美盈森、莱宝高科、贝特瑞、三利普等企业，在有机高分子及化工新材料、复合材料、新型建筑材料、金属材料等领域具有一定的优势。

（三）引入高能级产业载体平台

创新是引领发展的第一动力，抓创新就是抓发展，谋创新就是谋未来。国内先进城市深谙这一道理，通过创新合作的模式，与各大科研院所及企业形成战略合作，引进共建各类高能级的产业载体平台，为新材料产业的发展奠定了良好的基础。比如，苏州为了发展纳米技术，与中科院合作引进共建苏州纳米技术与纳米仿生研究所。经过十几年的发展，苏州市成功打造成为中国纳米技术发展的产业高地，与此同时，纳米新材料产业也得到跨越式发展。又如，深圳大鹏光启科技有限公司在深圳注册成立深圳光启高等理工研究院——一家从事 Meta-RF 电磁调制、超材料、智能光子等一系列革命性的创新技术研究开发的非企业性质的新型科研机构。经过十年的发展，光启研究院在超材料技术研发和商用化方面走在全球前列。

（四）构筑高层次专业人才队伍

人才是发展科技的第一要素，特别是领军人才，往往在地区某个领域的技术发展水平上起着至关重要的作用。国内先进城市通过人才计划和奖励机制等举措，引进、培养和打造高层次人才队伍，来充分发挥人才在技术创新提升上的关键作用。比如，苏州通过实施"双创"人才计划、"姑苏领军"人才计划及苏州工业园区的"园区领军人才"，引进培育了一批高层次的专业人才，助力新材料产业快速发展。又如，深圳通过实施"孔雀计划"、客座专家"智库计划""院士引进工程""创新领军人才集聚工程"，聚集一批高水平的创新人才，支撑新材料产业创新发展。

（五）提供多项政策扶持和保障

新材料产品研发的特点是投入大、周期长，而且在新产品投入市场之初，需要经过长期的测试评价与应用考核，下游用户使用新材料也存在较大风险。为了有效推动新材料产业发展，国内先进城市在新材料产品的研发投入和风险补偿上提供了相应的资金扶持和保障。比如，苏州工业园区在 2011 年发布国内第一个促进纳米技术产业发展的专项政策，同时，园区政府每年用于发展纳米技术产业的专项资金高达 10 亿元，还设立每年 1 亿元的创投跟进补贴资金。又如，深圳从 2011 年起，政府每年综合运用股权投资、贷款贴息、直接补助等方式，建立健全无偿与有偿并行、事前与事后结合的多元化扶持方式，对包括新材料在内的七大战略性新兴产业各投入

5亿元。再如，宁波高新区 2018 年就设立创投引导基金 20 亿元，撬动社会资本投资 300 亿元，同时，为解决创新产品应用难的问题，宁波出台重大自主创新产品首用政策，给予最高 400 万元购物补贴和 200 万元保费补助，大力推动新材料产品推广应用。

四、十大行动举措

在新材料产业发展上，浦东新区需要在狠抓产业发展重点、优化产业空间布局、完善产业政策配套、加强产业创新支持、建设产业功能平台、完善产业服务体系、强化金融资本支持、落实产业人才保障八方面切入，加强在区域间产业布局协同性，强化产业发展融合，在具有标志性的先进基础材料、关键战略材料和前沿新材料的基础工艺和技术实现工程化、产业化突破，显著提高产品质量水平，成功培育一批标杆企业，增强产业核心竞争力。

（一）发挥浦东优势，聚焦新材料产业发展重点

依托浦东科创中心、硬核产业等基础，围绕前沿新材料和关键战略材料，浦东新材料产业重点发展以下 10 个重点产业。[1] 在关键战略材料领域，一是集成电路专用材料。重点发展超大规模集成电路用 12 英寸硅单晶、抛光硅片及超纯硫酸铜电镀液和清洗用超纯化学品等配套材料；积极开展石墨烯薄膜研制集成电路探索。二是新一代生物医用材料。重点加强研制应用于骨科、皮肤、神经等组织修复/再生活性材料；开发人工关节、心血管、种植牙等高端功能性植/介入产品。三是高性能纤维及复合材料。重点摸清聚丙烯腈基原丝和高强高模碳纤维生长机理、形成系列化、产业化技术，并对其他高性能纤维生产有示范效应；开发纤维增强和颗粒增强的树脂基、金属

---

[1] 资料来源说明：（1）关键战略材料部分以及前沿新材料中"石墨烯材料"根据上海市新材料协会专家访谈资料整理。（2）前沿新材料（石墨烯材料除外）来自《〈浦东新区新材料对"六大硬核产业支撑"〉研究报告》。

基、陶瓷基先进复合材料及构件。四是新能源汽车电池材料。重点发展新能源汽车用锂电池正负极材料、电池隔膜和电解液等配套材料。五是第三代半导体材料。重点加强6英寸、8英寸碳化硅单晶生长技术研发，4英寸碳化硅单晶实现批量稳定化生产；开展大尺寸硅基氮化镓的生长技术研究；开展离子注入、氧化、深槽刻蚀等关键工艺技术研发，提升器件制备能力。六是新型显示材料。在印刷显示方面，重点发展小分子OLED和高分子OLED；在柔性显示方面，重点发展关键发光材料，注入层、传输层等有机物。全面掌握有源矩阵有机发光二极管（AMOLED）技术，在全息、激光、柔性等显示技术及新型显示材料领域取得部分技术突破。在前沿新材料领域，一是石墨烯材料。重点开展价廉质优石墨烯微片在锂电池材料、特种防腐涂料、传感器等方面的应用研究；着重发展石墨烯高分子材料、石墨烯基特种防腐涂料、石墨烯基热界面材料、石墨烯薄膜和锂电池石墨烯基材等。二是智能纤维材料。根据不同领域应用要求，满足航空航天、军事国防、生物医药、机器人、大数据、微电子等广泛领域的应用要求。三是第二代高温超导材料。重点强化稳定基带和先涂镀的种子层、阻挡层和帽子层质量，提高超导层载流能力。开展基于第二代高温超导带材的超导电缆为主体的超导应用器件的开发；开展相互衔接完善的超导产业链布局和相关超导电力示范工程建设，建立满足超导应用器件要求的技术支撑体系，逐步实现超导器件的市场应用。重点发展第二代高温超导带材、超导电缆、超导电磁加热装置、超导限流器、超导变压器和超导电机等。四是3D打印材料。发展重点：研究金属粉末成形与制备技术，开发专用光敏树脂、工程塑料粉末与丝材；建立低成本钛合金粉末、不锈钢粉末、铁基合金粉末、高温合金粉末等生产线。

（二）依托空间载体，优化新材料产业发展布局

抓住园区建设关键载体这个"牛鼻子"，优化产业空间布局，合理配置要素资源，完善营商环境，推动新材料产业聚集发展。

一方面,巩固科技创新和产业承载聚集发展格局。推动科技创新重点集聚于张江科学城,产业承载重点集聚于外高桥、金桥、临港等区域。其中,张江科学城重点集聚发展第三代半导体材料、集成电路专用材料、生物医用新材料等新材料相关产业;外高桥、金桥重点集聚发展高性能纤维及复合材料、石墨烯材料等新材料相关产业;临港重点集聚发展新能源汽车电池材料、高端装备用特种合金等新材料相关产业。另一方面,利用上海市调整、启用战略预留区的发展机遇,科学优化浦东"1+N"新材料产业空间布局。打造一个"特色产业园区"。依托浦东产业发展优势,通过战略招商和精准招商,遴选和引进新材料产业好人家,力争在浦东建设1个新材料特色产业园区。建设N个"新材料产业基地"。发挥硬核产业基础优势,按照"就近布局"原则,形成围绕浦东硬核产业配套的N个相关新材料产业基地,打造产业"园中园"。

(三)落实产业政策,完善新材料产业发展配套措施

贯彻落实国家、市有关促进新材料产业发展的相关产业政策,积极制定和完善相关配套落地政策,支持和促进浦东新材料产业发展。

一是积极落实产业扶持政策,完善政策落地配套举措。设立新材料发展产业创新引导基金,对"工业强基""首批次"市级项目完善区级政策配套,支持企业推广和落实新材料首次应用保险补偿政策,优先支持符合环保要求的企业产品和项目。

二是积极落实重点产业指导目录,制定和实施相关配套政策。落实《上海市新材料重点产业指导目录》,培育浦东新材料新兴产业。发挥产业政策引导功能,优先支持与"六大硬核产业"相关的新材料产业发展,鼓励和支持企业做大做强。高度重视中小微创新型企业发展,在原有属性界定、分类界定的基础上,探索采用技术指标认定"新材料"和增设"新材料目录"。针对市场规模本身较小又极为重要的新材料企业,灵活设计区级"特色产业政策",确保产业链和国家战略安全。

三是积极落实科技服务机构指导目录,遴选符合条件的新材料研发设计、检验测试、信息咨询等服务机构及企业,聚集优势企业、科研机构、产业联盟、行业协会等多方力量,挖掘和提高浦东新材料科技服务能力。鼓励新材料领域产业联盟、行业协会等社会组织协调本领域资源,参与国际科技合作计划和国际标准制订,举办高水平的学术会议和产业论坛。

四是率先探索新业态、新模式,推进国家、市级创新政策落地。制定和完善新材料产业创新支持政策配套举措,鼓励和支持新材料领域有条件的企业和科研机构建立前沿新材料国际开放实验室和境外研发中心,与全球著名大学、科研机构、跨国公司联合开展技术研究。鼓励 CRO(研发合同外包)、CMO(生产合同外包)、IP Licensing(知识产权授权生产)等新型商业模式、新型生产组织方式加速发展,支持具有远见的企业紧抓市场机遇,赢得广阔发展空间。

(四)顺应新科技变革,夯实浦东新材料创新发展基础

作为国家战略承载区,浦东发展新材料产业必须顺应科技发展趋势,落实国家战略需要。

一方面加快布局基础创新研发。布局前沿新型材料研发,加快关键战略材料研制。对接国家"科技创新2030—重大项目"等科技重大任务,面向重点应用领域的未来发展需求,做强材料科学基础研究,深化材料结构与功能原理、材料制备与表征等理论研究,聚焦第三代半导体材料、新型能源材料、生物医用材料、航空航天、高性能纤维及复合材料等关键战略材料,推动科研机构、重点应用单位、新材料生产企业开展联合攻关,着力推进原始创新和颠覆性技术创新,形成一批具有全球影响力的创新成果和核心专利,抢占全球新材料技术制高点。

另一方面加快推进重大共性技术攻关。突破核心装备与关键工艺技术。围绕浦东硬核产业发展需求,系统性开展材料综合性能评价、材料质量控制工艺及工程化研究。推进建设材料基因组公共数据库,推广新材料共享开发

新模式，缩短研发周期、降低研发成本。推动装备制造企业与新材料产品生产企业开展联合攻关，突破专用核心装备和关键工艺技术，形成相对完整的成套装备和产业化生产工艺。加快碳化硅材料及器件、氮化镓材料及器件、航空发动机与燃气轮机用高温合金及相关构件、全固态动力电池、高性能薄膜太阳能电池等的开发，并实现规模化制备。

（五）强化成果应用，推动浦东新材料应用转化

一是制定和完善促进产业成果转化制度。支持和鼓励新材料产业成果转化。鼓励新材料企业和风险投资、知识产权保护、法律服务等机构参与早期研发，共同推动科技成果尽快实现转化。鼓励科研机构采取研发合作、技术转让、技术许可、作价投资等方式转化科技成果。鼓励社会资本设立或参与设立新材料科技成果转化基金，助力科技成果实现快速转化。鼓励开展国内外新材料科技成果的转化对接，吸引优秀科技成果在浦东转化。

二是建设和完善应用推广服务体系。加快建设和健全市场应用推广功能平台体系。支持产业联盟、行业协会、科技服务机构等，建设开放共享的新材料产品信息公共服务平台，促进供需双方对接，推进新材料产品推广应用。支持重点应用单位联合新材料产品生产企业，共同推进产品的开发和应用研究。鼓励企业围绕应用需求，联合科研机构共同开展新材料产品的应用研究和示范应用。推动新材料领域军民资源共享，加快军民两用新材料产品推广应用。

三是加快推进重点行业市场应用。围绕集成电路、航空航天、高端医疗器械等材料应用验证周期长、流程复杂领域，鼓励新材料企业紧密对接产业实际应用需求，实现材料研发、生产工艺、制造装备关键部件的协同创新，形成全产业链带动效应。聚焦硬核产业应用领域，培育壮大第三方专业服务市场，推动核心材料持续迭代升级。瞄准高温超导等前沿技术领域，加强与相关部门对接，加快示范工程建设，支持新产品市场化推广，促进形成产业新增长点。建设1个市级及以上制造业创新中心，布局若干项重点示范应

用,培育一批新材料首批次产品。

(六)依托科创中心,建设新材料产业发展功能载体

一是在公共研发平台方面,根据新材料新兴产业发展需要,引进和建立新材料科学实验室,与高校科研院所合作打造功能型平台。鼓励新材料企业与风险投资、法律服务等多方合作,采取研发合作、技术许可等方式,建设专业化的众创空间、加速器、小试和中试基地、产业园等。

二是加强园区公共中试基地建设,着力做强园区中试转化功能。支持硬核产业创建新材料特色园区,探索利益相关方参股共建运营机制,形成"企业孵化+中试研发+产业化落地"一体化服务体系,提升园区创新承载与服务能级。支持行业龙头企业搭建面向产业链上下游的中试共享平台,吸纳新团队孵化技术成果,实现利益共享、合作共赢。

三是在技术创新发展上,以大型企业技术中心为依托,联合优势单位机构,形成产业链对话对接机制,支持和推动硬核产业龙头企业组织锂电池、新材料企业、研究所和高校等机构,推动新材料产业创新体系建设,培育一批高水平、高能级的新材料创新研发中心和创新型企业。

(七)优化营商环境,培育新材料产业领军企业

一是在创新企业培育方面,遴选创新实力强、细分领域市场占有率领先的高成长性优质企业,推荐纳入全市新材料创新标杆企业培育目录并动态调整,对目录内企业开展"一对一"贴身服务,第一时间响应企业需求,帮助企业协调解决经营发展中的问题。推荐有潜力的创新标杆企业纳入全市"浦江之光"行动计划,在创新孵化、成果转化、股改规范、挂牌上市等关键环节精准发力,力争新增一批"科创板"上市企业,为优质企业发展提供丰富创新资本。

二是在资源整合方面,整合供需两端创新资源要素,聚力打造应用中心创新功能。指导集成电路、民用航空等重点应用领域企业建设市级新材料应用中心,联合相关研发机构和生产企业开展新材料协同攻关,积极承担市重大战略项目,共同申报相关扶持政策。对取得攻关突破的材料产品,优先纳入新材料首批次支持范围和本市创新产品推进目录,加大应用推广力度。

三是在行政审批方面,在不突破市区现行规划、环保标准前提下,借鉴日本经验,针对符合新区产业重点发展指导目录的企业,行业主管部门会同环评等部门加强指导,简化审批程序,鼓励支持企业设备改造,在不影响环评指标的前提下,在用地手续、获取和增加污染物排放总量指标上,可优先办理项目审批,推动企业准入、产品做优、市场做大。

(八)推进创新发展,完善新材料产业发展服务体系

一是发挥上海"国际国内双循环的战略链接功能",推动国际金融中心和国家科创中心功能联动,激活长三角资本市场服务基地功能,引导社会资本壮大浦东产业资本市场,充分发挥上海高端产业引领功能,支持和引导更多新材料产业企业来浦东设立研发中心和企业总部。

二是搭建优质资源开放共享平台,鼓励和支持新材料领域科技服务机构开展技术成果价值评估、技术标准服务、市场信息分析等科技服务。提高技术创新、市场发展、产业协同等资源对接效率,支持新材料创新发展和科技服务型机构发展壮大。

三是充分发挥知识产权服务机构作用,进一步加大知识产权保护力度。鼓励金融机构对目录内机构及企业实施融资租赁等创新融资服务,支持一批科技服务型企业发展壮大、促进一批生产制造型企业向服务化延伸,不断拓展业务领域,逐步覆盖行业共性需求。

(九)整合社会资源,强化新材料产业发展的资金保障

一方面,统筹利用财政资金,发挥财政资金的激励和引导作用,加大对新材料产业发展的支持力度。对接国家和市级制造业高质量发展等专项资金,用好战略性新兴产业、产业高质量发展等专项资金,促进新材料产业创新平台和重大产业项目建设。落实新材料重点项目攻关"揭榜挂帅"制度,加快关键领域自主创新。发挥浦东科技创新基金的引导作用,积极吸引社会资本，联合设立浦东新材料产业发展基金，为新材料科技创新、成果转化、产业发展提供资金保障。优化首批次新材料支持方式，加大对上下游企业应用验证阶段的投入支持，促进创新产品应用。探索以专利权质押融资的贷款新模式，鼓励浦东新材料"首批次应用保险补偿"，缓解新材料企业发展资金压力，促进新材料企业创新进步。

另一方面，完善财政补贴方式，支持新材料企业联合高校、科研院所共同开展科技攻关。特别是围绕集成电路、生物医药、人工智能世界级产业集群未来发展的需求，聚焦"卡脖子"、重点关键材料，鼓励产业链上下游企业通过"共同申报""联合申报"的形式，政府提供产业扶持计划或专项扶持计划政策支持，共同建设创新研发平台，推动一批核心材料研发、关键工艺技术和核心装备的开发，从根本上提高新材料自主研发能力。

（十）加强综合配套，强化新材料产业发展人才服务

一是积极贯彻落实国家和市级新材料产业发展政策，统筹推进新材料研发创新、产业布局、示范应用等相关工作，细化实化上海市新材料产业发展政策的配套政策措施，推动新材料产业园区建设和产业基地建设，积极营造良好的产业发展环境。完善统筹协调机制，加强与市级、区内各部门联动，协调解决新材料产业发展的重大问题。协调和联系市级新材料专家决策咨询委员会，整合浦东相关产学研资源，开展应用趋势前瞻和硬核产业相关的战略研究，为产业发展提供决策支撑。落实战略招商和精准招商，实施产业链招商，依托硬核产业和龙头企业，全力推动一批新材料领域重大项目引进落地和投资建成。

二是引进和培养人才。支持新材料领域的新型研发机构建设，引进全球顶尖科学家和优秀杰出创新创业人才。依托本市重大引才工程，着力引进海内外高层次科研人才和创业团队，鼓励来沪开展技术创新、成果孵化、产能落地。着力引进培育高技能人才，探索"第四学年"校企联合培养模式，建设新材料高技能人才基地，开展各类人才培训项目。支持和鼓励企业与高

校、科研院所合作开展科技人员双向交流,强化分配激励,激发人才创新活力。

三是用好和服务人才。落实科研人员科技成果转化收益分配政策,营造有利于优秀杰出人才创新创业的良好环境。鼓励企业通过股权、期权等方式加强对优秀杰出人才的激励。依托本市重点领域紧缺人才开发目录,给予符合条件的高水平技术人才直接落户、居住证积分、"居转户"等相关优惠政策。参照"六大硬核产业",完善新材料产业人才积分落户政策,以及在子女教育、社会保证等方面的特殊政策支持。

第三节 大企业开放式创新及其对浦东的启示

中美贸易摩擦,表面上是两国贸易不平衡问题,实质上是两国在新兴产业、先进制造业未来发展上的较量。我国先进制造业与新兴产业长期发展并不断提高竞争力的关键是技术创新与产品创新。作为创新主体,尤其是大企业,只有尽可能地开放资源平台、技术需求、投资机会、对话窗口等,才能换来更多的合作。

中国制造业转型发展,应该继续扩大开放,坚持开放式创新,在关键核心技术和产业链整合方面,获得更大成功。大企业应该以开放式创新的心态,积极与大学、研究机构、创业企业进行合作,充分利用创新生态系统的优势资源,对先进技术进行消化吸收,形成创新成果和跨越式发展,并成长为世界级创新型企业。

一、开放式创新及其价值

(一)开放式创新的提出

20世纪90年代以前,大企业研发中心一直是新科技的引领者和集聚地。例如,20世纪70年代,施乐公司成立的 Palo Alto Research Center

(帕罗奥多研究中心)，曾经出现全美顶尖 100 名计算机科学家有 70 余位在此工作的盛况，诞生了包括个人电脑、以太网、图形用户界面、所见即所得文本编辑器、语音压缩技术、激光打印机等跨时代技术。但只有激光打印机技术在施乐公司实现了商业化，其他技术却在公司之外造就了乔布斯、比尔·盖茨，以及 Adobe 公司和 3Com 公司等影响全球知名企业家和公司。

亨利·切萨布鲁夫（Chesbrough）教授研究施乐公司案例后，提出"开放式创新"概念，并指出企业应该同时利用内部和外部的资源进行技术创新和市场化。而施乐公司之所以失去众多改变世界的机会，就在于其仅仅利用本公司的资源和技术能力进行"封闭式创新"。[1]

（二）推动产学研合作和打造创新生态：斯坦福大学的崛起和硅谷的科技神话

科技发展、资源集聚、资金投入和政策支持造就了斯坦福大学和硅谷。20 世纪初，斯坦福大学远逊于麻省理工，也不及加州大学伯克利分校。1951 年工程学院院长弗雷德里克·特曼（Frederick Terman）将学校附近土地以低价出租新建工业区，吸引企业入驻来解决学生就业问题；之后，邀请"晶体管之父"威廉·肖克利（William Shockley）来校任教并组建实验室。由于冷战因素，随着美国政府对军事投入增加，斯坦福大学和硅谷初创企业逐渐成长。1980 年，《拜杜法》（又称《专利和商标修正案》）允许大学和公司合作，将发明专利推向市场。[2]

由于多方主体和政策的支持，政府、大学、企业在市场化运作中形成"共生"的相互促进关系，并吸引风险投资、产业基金等金融机构在硅谷发展。在此背景下，许多科技青年不再把大企业研发中心作为自己首选，而是在高校或者车库与合作伙伴共同创立公司，开发新技术和新产品。根据美国国家科学基金会和美国专利及商标局（USPTO）的数据，人数超过 2.5 万

---

[1] 黄震：《开放式创新——中国式创新实践指南》，浙江大学出版社 2020 年版，第 16 页。
[2] 同上书，第 14 页。

人的大型企业的研发投入占全部研发投入比率，1981年是70.7%，1999年是41.3%，2015年是35.6%；而1000人以下的公司研发投入占比，1981年是4.4%，1999年是22.5%，2015年是20.%。[1]

越来越多的顶尖人才和新技术集聚于硅谷，但游离于大企业研发中心之外，促使大企业不得不实行开放式创新，并形成了一个以大企业研发中心、高校、创业公司、中介机构等节点构成的创新生态系统，造就了硅谷的科技神话。

（三）推动企业转型和打造高科技产业集聚区：飞利浦转型与"最智慧的1平方公里"

埃因霍温是一个人口只有20多万、面积88平方公里的荷兰城市，因飞利浦高科技园区而成为全球"产城融合"的典范。1891年，飞利浦创始人在埃因霍温建立灯泡工厂。20世纪80年代，亚洲制造业崛起和价格竞争，飞利浦出现严重危机。1990年，飞利浦开始推行公司重组，裁撤员工、关停非核心业务，并整合研发资源集中于埃因霍温。1998年，公司建立集中式研发中心——飞利浦高科技园区，通过布局开放式设计、鼓励跨部门交流、集中公共服务设施，形成围绕科技创新服务的"交流街"。2002年，飞利浦在内部建立孵化器，采用项目支持形式，通过选拔、筛选、投资、收购（控股）/剥离（参股）等过程，支持发展新技术、拓展新市场。2003年，飞利浦高科技园区向其他科技企业开放，吸引更多企业入驻[2]。

随着越来越多的创新企业和创业者集聚，飞利浦内部孵化器在埃因霍温形成服务整个区域的开放式创新体系。飞利浦在医疗保健、时尚生活和核心科技业务各自设立孵化器，并与外部机构合作，寻找和发掘新技术和新市场机会。2012年，飞利浦科技园更名为埃因霍温高科技园区，这个占地1平

---

[1] 黄震：《开放式创新——中国式创新实践指南》，浙江大学出版社2020年版，第14页。
[2] 同上书，第18—19页。

方公里的埃因霍温城市郊区，集聚了全球85个国家、超过1万名高科技人才，平均每天产生4项专利，入驻企业超过140家，其中包括飞利浦、英特尔、华为、恩智浦等全球知名大型企业，已经成为全球"科技产业园区样板间"。2012年，《财富》杂志将其评为"下一个硅谷"，2013年，《福布斯》称其为"全球最智慧的园区"。[1]

二、大企业开放式创新典型案例[2]

以大企业为中心，集聚高校及科研院所、初创企业以及支持创新的加速器/孵化器、咨询公司、投资机构、专业性服务机构等形成完整的企业创新生态系统。从发展过程来看，大企业开放式创新，源自与高校及科研院所的合作，兴起于与初创公司的合作，兴盛于企业内外部创新服务和支持。

（一）巴斯夫公司：始终与高校/研究机构密切合作

巴斯夫开放式创新的基本做法是：构建研究网络，进一步密切与高校、研究机构的合作。

巴斯夫成立于1865年。首任研究主管、化学家海因里希·卡罗（Heinrich Caro）在1869年与柏林大学教授卡尔·格雷贝（Carl Graebe）和卡尔·利伯曼（Carl Liebermann）合作，成功合成天然染料茜素，并应用于印染，成为巴斯夫第一个全球性销售案例。化学家弗里茨·哈珀（Fritz Haber）在1904—1907年开展合成氨及氮氧化物转化的研究，获得巴斯夫的关注和投资。后来，巴斯夫研究部主任卡尔·博施（Carl Bosch）根据哈珀实验室合成氨方法，开发出全套的高压大规模反应设备，完成合成氨的工业化生产。茜素和合成氨的成功模式，奠定了巴斯夫与高校/

---

[1] 黄震：《开放式创新——中国式创新实践指南》，浙江大学出版社2020年版，第10页。

[2] 本部分案例资料参考黄震所著《开放式创新——中国式创新实践指南》，浙江大学出版社2020年10月版。

研究机构合作的基因。

2011年，巴斯夫设立先进材料与系统联合研究网络（JONAS），与法国斯特拉斯堡大学、德国弗莱堡大学等共同研究纳米技术和聚合物化学。2013年，巴斯夫在美国设立北美先进材料研究中心（NORA），同哈佛大学、麻省理工学院等共同研究材料和聚合物。2014年，巴斯夫联合中国的清华大学、复旦大学，日本的京都大学，韩国的汉阳大学等高校，在上海成立亚太区博士后中心"亚洲开放研究网络（NAO）"，专注于先进材料研究；2017年，拓展成为涵盖巴斯夫三大全球技术平台（先进材料及系统研究平台、生物科学研究平台、工艺研究及化学工程平台）的所有研究课题。

借助这些研究网络，巴斯夫不仅与高校、研究机构建立了合作关系。这种合作是开放式创新理论研究的缘起。通过合作，学术界可以了解市场动态，加速研发成果的产业化落地；企业可以了解最新的学术动态和领先技术，以及快速验证自身研发构想；同时，吸引众多优秀人才加入企业。

（二）宝马公司：与初创企业合作形成共赢

宝马开放式创新的基本做法是：管理团队将宝马集团定义为初创企业的"风险客户"，通过采购产品、服务和技术，给予初创企业供应商身份、编号和订单。

面对汽车行业的快速变革和挑战，德国宝马总部的创新经理人进行了思考：如何吸引优秀的科技企业与宝马进行合作？对已经吸引了许多投资的初创企业，如何才能使宝马接触到其创新技术？经过分析，他们认为，初创企业最重要的是找客户，特别是优质客户；而宝马最重要的是寻找创新观点和可以利用的最新技术解决方案。在此分析基础上，宝马集团设立BMW Startup Garage（宝马初创车库）项目，以及成立管理团队。

在项目召集阶段，管理团队向初创企业介绍"风险客户"价值，吸引其提交申请，进入项目库。在项目筛选阶段，管理团队通过考察技术独特性及其与宝马业务的适配性，选择入围初创企业。在项目合作阶段，根据技术应用需要，管理团队在宝马内部寻找最合适的部门和团队与初创企业匹配，并根据业务部门详细需求，对初创企业的原型产品进行在宝马车辆中的验证。在验证通过后，初创团队有机会与宝马工程师进一步探讨应用到量产车辆的可能性。目前，有 60 多家初创企业参与 BMW Startup Garage 并成功毕业，其中超过 50% 的企业在项目结束后，继续与宝马不同部门进行商务合作。

通过开放式创新，宝马集团发现和挖掘具有领先技术的初创企业，并以技术采购或联合产品开发的形式，与其共同开发新产品，将其推向市场，实现宝马与初创企业共同发展和进步。

（三）英特尔中国公司：内部创新者的典范

开放式创新能够帮助内部创业者更为多元化、市场化地实现产品的快速落地。

2013 年，英特尔中国公司在内部开展创新，设立"Idea to Reality"（从理想到现实）项目（简称"I2R 项目"），支持员工把创意转化为产品，并最终推向市场。2015 年，公司全面开展 I2R 项目，并开始邀请外部导师，向入选项目的成员提供技术和业务培训指导。2017 年，公司推出 StartupX 项目，让入围团队离开研发中心直接进入创新加速器 XNode，接受外部导师的培训和指导，同时与加速器内其他创业者一起交流探讨。

英特尔中国 I2R 项目的基本做法是：孵化和加速。在孵化阶段，公司员工在线提交创新想法，经过评估委员会审核认可后，接受培训和指导，完善产品原型，深度思考顾客需求、盈利模式和竞争等问题，并提交商业计划，在选拔日集中评选。在加速阶段，主要是经过选拔日集中评选的优胜企业，公司给予项目团队在技术、资金、培训、市场与公关等方面的全方位支持，帮助创新项目加快落地。2018—2019 年，通过 I2R 项目，英特尔中国公司收集了超过 600 个创新想法，其中约 50 个加速器项目成果实现产品落地。仅 2018 年创新项目实现增收 1600 万美元。

（四）宝洁公司：最大程度发挥创新关联作用

宝洁公司开放式创新依靠联结优秀专家人才的全球创新网络来充分利用创新人才。其基本做法是：在内部创新网络建设上，宝洁公司创建了全球创新网络，支持研究人员分享信息和想法；创建了实践社区，实现跨领域的关联；建立外部创新人才科学组织体系，设立"外部创新主管"，建立遍布全球的"创新侦查员"队伍，搜寻对公司有用的重大技术突破和专家学者；推进"技术型企业家"计划，吸引和利用全球优秀专家，与全球5万多名独立发明家建立了合作。同时，在外部关联合作上，宝洁公司积极嵌入各类电子研发社区，加入电子研发社区 Yet2.com 和 Inno Centive；实施包括"合作技术开发"（与其他企业、机构的合作）、"关键供应商伙伴"、"供应商合作"等外部创新关联合作。

根据研究发现，实行开放式创新以来，宝洁公司研发能力提高了近60%，创新成功率提高2倍多，而创新成本下降20%。

（五）思科公司：并购整合创新资源的先驱

思科的创新策略是内部开发、战略联盟和收购相结合，它是创新型企业中活跃的收购者和投资者。其基本做法是通过收购获取稀缺的智力资产。对潜在收购对象，思科的筛选标准是：一是收购初始投资不大；二是并购必须与被收购企业在短期和长期实现双赢；三是被收购企业必须与思科拥有共同的愿景，能够有效融合，而且其产业要有利于思科形成产业链布局。

思科收购了100多家公司，其收入30%来自收购及其开发活动。通过收购外部卓越创新资源，思科提升了创新能力和竞争力。

三、浦东大企业开放式创新现状

2021年7月15日，《中共中央国务院关于支持浦东新区高水平改革开放打造社会主义现代化建设引领区的意见》（简称《引领区意见》）正式发布。作为贯彻落实《引领区意见》的重要措施，"做强创新引擎，打造自主创新新高地",浦东新区在 2021 年推出大企业开放创新中心计划(简称GOI),旨在由行业龙头企业或细分领域领军企业发起建立,吸引集聚创新力量实现协同创新的新型载体。[1]

(一)高起点、高能级,支撑本地硬核产业高质量发展

浦东企业开放式创新中心主要依托全球知名跨国公司和国内行业巨头牵引,主要聚集在硬核产业领域和未来高科技发展行业,具有行业影响力大、功能支撑力强的显著特征。2021 年 7 月 29 日,浦东发布了首批次 20 家大企业开放式创新中心,12 月 2 日,再次发布第二批次 14 家,计划将在 3 年内建设 100 家以上,并赋能高质量创新企业 5000 家以上。[2] 这些创新中心集中了罗氏中国加速器、西门子医疗上海创新中心、微软人工智能和物联网实验室、强生 JLABS、杜邦上海创新中心、科思创开放创新中心等跨国公司创新中心,以及百度飞桨人工智能产业赋能中心、阿里宝马创新中心、中国商飞—大飞机创新谷、大型邮轮创新中心、华为 5G 数字影视国际创新中心等国内行业龙头设立的创新中心,涉及生物医药、人工智能、高端装备制造、集成电路、大飞机、5G 技术等硬核产业领域。这些中心将充分发挥全球科技创新网络功能,引领和推动各领域中小科技企业融合发展、协同创新,打造浦东新区科技创新生态体系和打造世界级创新产业集群,为浦东重点硬核产业高质量发展、推动引领区建设发挥特殊作用。

(二)多模式、多领域,形成了热带雨林湿式创新生态

首先是大企业开放创新中心对小企业空间、技术、投资等赋能,形成大企业创新中心多元化赋能小企业发展的模式,比如,以默克创新中心为代表的,实现与小企业资源优势互补的创新合作;以百度飞桨为代表的,围绕百度企业生态圈,提供创新平台,集聚扶持小企业发展;以 IBM Watson Build 创新中心为代表,采取创新社区模式,提供基于品牌和资源嫁接的服

---

[1][2]《浦东发布大企业开放创新中心计划!首批 20 家亮相聚焦硬核产业》,2021 年 8 月 2 日,浦东发布,http://sh.people.com.cn/n2/2021/0802/c134768-34848909.html。

务,为小企业发展提供了更加广阔的市场空间。其次,浦东实施大企业开放式创新中心,充分发挥大企业的创新资源和全球创新网络优势,整合浦东科学研究、科技创新、创新创业环境等基础优势,通过集聚各类优质创新主体,特别是一批生物医药、人工智能、集成电路、大飞机和新能源等多领域的科技领军企业,在科技创新和发展上构建协同创新平台和机制,集聚、培育、孵化创新链上的中小科技企业,初步形成了热带雨林式创新生态。

(三)好政策、强服务,双层赋能创新中心和企业发展

为了实施大企业开放创新中心计划,浦东构建了"政产学研金服用"七位一体的创新生态体系和双层赋能模式。[1]政府统筹政策、社会资源、专业服务,以各类资源对大企业开放创新中心和中小科技企业全方位赋能。在政策赋能方面,分别整合推出了项目建设、空间保障、运营绩效、引进国际前沿等6条扶持创新中心的政策和降低融资成本、技术创新支持、国际股权投资、知识产权保障及高端人才引进6条扶持中小科技企业的政策。在社会资源赋能方面,发挥浦东金融中心、科研院所、土地资源、应用场景等领域的综合优势,为创新中心和中小科技企业提供金融赋能、技术赋能、空间赋能、应用赋能。在专业服务方面,与创新中心和中小科技企业采取携手谋划、协调建设、协助发展、协同服务的方式,共同谋划建设路径,做大创新企业"潜力库";为创新企业提供主体注册、团队组建、选址确定、空间设计、功能谋划、企业招募、平台搭建等全方位协调服务,做实创新企业"培育库";为创新中心提供企业招募、团队建设和业务拓展等服务,协助创新中心加快发展;构建"一企一档一专员"服务保障功能平台,打造精细化管理服务网路体系。

(四)强吸引、快转化,大企业创新中心发展成效显著

首先,依托跨国企业的"强磁效应"显著。大企业依托其自身全球布

---

[1]《浦东发布大企业开放创新中心计划!首批20家亮相聚焦硬核产业》,2021年8月2日,浦东发布,http://sh.people.com.cn/n2/2021/0802/c134768-34848909.html。

局和创新生态圈优势，加速其生态圈企业集聚浦东，精准招商效应凸显。比如，截至 2021 年 9 月，红杉数字智能产业孵化中心，先后吸引 15 家红杉中国企业从北京、广州、深圳入驻浦东，累计投资额超过 8 亿元人民币；强生 JLABS@上海在张江运营以来，吸引来自北美、欧洲、日本、韩国及中国大陆的 55 家企业入驻浦东；BI（勃林格殷格翰）—ATLATL 创新中心吸纳来自全球 10 个顶级科研项目入驻浦东；IBM Watson Build 人工智能创新中心为张江引进 13 家人工智能科技创新企业。[1] 其次，大企业开放式创新中心为入住企业实施技术指导，提升创新效率和能级，加速企业技术迭代升级，为中小科技企业的科技孵化、技术成果转化，以及市场化和产业化提供了"催化效应"。比如，维亚生物投资、孵化的 70 多家早期生物医药创新企业，形成 100 多条产品线，创造了"一个想法到临床候选化合物耗时不到 2 年时间"的市场奇迹；百度飞桨帮助 13 万家企业在其平台上训练超过 40 万个模型，加速推动企业 AI 应用创新落地；[2] 微软实验室以"AI +创新药"为技术赋能方向，由医药魔方与微软实验室共同推进的"SSS 项目"（数据抽取与标准化存储），发挥医药行业一站式大数据服务平台——医药魔方团队在微软实验室的功能，采用微软 Form Recognizer Web API 接口，对相关资料全文以及表格数据进行抽取试验，将报告准确率提高到了 90% 以上，解决了医药魔方此前耗费人力、时间成本的瓶颈，助力创新企业"省时省力"。[3]

四、进一步推动浦东大企业开放式创新的建议

（一）促进企业转型，推动企业探索新兴产业方向

企业是创新的主体。飞利浦公司在危机中选择重组转型，并以开放式创

---

[1][2] 浦东新区科经委：《新区大企业开放式创新中心跑出创新加速度》，《浦东情况》，2021 年第 46 期，2021 年 9 月 22 日。
[3] 《这家浦东大企业开放创新中心，2022 年有哪些新动向？》，2022 年 1 月 21 日，上观新闻，https://www.jfdaily.com/sgh/detail?id=640552。

新模式不仅推动企业形成了创新型技术和产品，赢得了市场认可，而且吸引了众多初创企业集聚在周边，打造了埃因霍温高科技园区。浦东要强化科技创新策源地建设，必须发挥企业、特别是大企业创新主体作用，鼓励和支持企业"零增地、改扩建"，应用现代科技改造传统产业，并率先在新兴产业方向开展探索，支持行业龙头企业开展产业链创新链供应链整合，提升创新研发能力和生产制造能力，形成一批新产业、新技术和新产品，打造一批新兴产业园区。

（二）支持园区改造，加快创新创业资源高效集聚

浦东产业园区发展阶段存在较大差异，仍有一部分产业园区软硬件设施相对落后，园区企业、机构、人员等参差不齐，与创新高地要求存在一定差距。浦东要打造社会主义现代化建设引领区，必须加快对现有产业园区改造升级，发挥浦东六大硬核产业和科创资源丰富的优势，鼓励包括外资企业、大型国企和民企等建设企业研发中心，努力引进一批技术领先的创新项目、领军人才和高端创新创业团队，加快推动创新资源集聚，形成以大企业为中心、初创企业活跃、创新人才集聚的创新高地。

（三）完善制度创新，推动产学研一体化机制完善

根据企业大调研了解，浦东在产学研合作机制上还存在诸多堵点，比如企业研发需求与高校科研成果对接信息不通畅，高校创新功能平台对外使用部分存在制度性障碍，国家级创新功能平台、外资企业研发平台、高校科研院所与本地企业相互之间缺乏常态化沟通机制等。浦东强化科技创新策源地建设，必须加强顶层设计和系统规划，深化产学研合作机制，推动张江综合性国家科学中心、各类高校科研院所等创新研发平台向社会开放，扩大上海科技创新券应用范围，支持企业研发中心建设开放式创新平台，打通产业链创新链价值链堵点，提升强链补链固链水平。

（四）营造创新氛围，构建大企业开放式创新文化

无论是巴斯夫、飞利浦，还是英特尔、宝马公司，从大企业开放式创新

实践案例来看，营造创新文化是前提条件。浦东要推动大企业开放式创新建设，必须营造创新氛围、构建开放式创新文化。首先，把开放式创新当作"一把手工程"，得到领导层的鼎力支持，形成自上而下的推动力。其次，推动大企业形成支持内部创新的制度和机制。最后，研究制定支持全球创新开放广度的政策，保证技术、人员交流通畅。

（五）搞好公共服务，支持企业建设全球创新网络

在建设全球创新网络方面，相对跨国公司，后发企业不具备由全球网络带来的内部技术优势，而更加倾向于设备引进和更新、技术引进、购买专利及成立合资企业等。对浦东区域内的本土企业而言，开展国际合作、融入和利用全球创新体系，构建全球创新网络合作，这需要政府在公共服务方面提供更多针对性政策支持。比如通过税收减免、知识产权保护、国际科技合作、自由便捷的人员流动等政策手段，支持企业与跨国公司购买技术专利、共建实验室、跨国研发合作、建立海外研发中心、资本技术战略联盟等多种形式的合作，深度参与国际标准的制定，扩大本土企业国际先进技术来源，加快推动本土企业探索式创新和合作型创新能力。

第四节　以产业园区助推浦东全球功能提升

从 20 世纪六七十年代开始的当代经济全球化进程，催生了全球价值链分工网络，也深刻改变了产业园区，呈现出增长的主体性、运行的全球性、功能的层次性、分布的不均衡性等特征。一方面，产业园区演化为城市和国家经济增长的主战场，园区也成为最主要的经济政策工具之一。中国有着世界规模最大、类型最多样也最为成功的园区体系。并且，产业园区不再是地方经济自给自足的供应者，以及自成体系的生产者，逐渐成为全球价值链分工中的一环或一个节点，面向国际市场组织生产。另一方面，不同产业园区要素的规模、类型、能级和流动性均存在显著差异，功能定位和任务分工因而也具有鲜明的层次性。少部分园区主要集聚管理、咨询、研发、营销、分拨等高附加值活动，大部分园区承担原材料供应、初级工序和劳动密集型生产制造等低附加值活动。此外，经济全球化体现为生产的全球分散与管控的局部集聚这两个并行的过程，即，低附加值经济活动趋于空间离散，而高附加值经济活动则趋于空间集聚。相应地，集聚控制性较强的总部类机构和连接性较高的高端生产性服务企业的产业园区，主要位于少数全球城市；而承载价值链中低端环节企业的产业园区，更多为广大普通城市所配置。

从全球城市视角看，在经典的弗里德曼和萨森理论脉络中，高度集聚在全球城市空间内的微观主体如跨国公司总部和高端生产性服务企业，直接发挥或影响着全球资源配置等功能。长期以来，尽管学者均认同集聚的重要

表3-1 全球城市产业园区类型与表现形式

类 型	形 式	代表性园区	备 注
全球资源配置类	金融集聚园区	曼哈顿金融城、香港中环、伦敦金融城、上海陆家嘴金融城、东京国际商务交流区	产业园区的分类并非截然分明的绝对化，绝大部分产业园区具有复合化、多样化的特点和融合发展的趋势。如，总部经济园区在很多城市也体现为生产性服务业园区；产业引领类的园区往往具备创新内容；直接面向国际的开放类园区，也有专事制造或开展离岸金融等业务的设计。
	总部经济园区		
高端产业引领类	生产性服务业园区	上海虹桥商务区、东京大田区、深圳蛇口工业区、新加坡裕廊工业区、巴黎塞吉—蓬图瓦兹工业园区	
	生产制造园区		
科技创新策源类	科技研发园区	纽约硅巷、伦敦硅环、洛杉矶硅滩、上海张江、北京中关村、柏林ADLERSHOF科技园、班加罗尔软件科技园、北京798艺术区、伦敦克勒肯维尔、纽约苏荷、东京杉并动画产业中心	
	创业创意类园区		
开放枢纽门户类	海关特殊监管区域	迪拜自贸区、上海临港新片区、纽约港自贸区	
	自由贸易园区		
	特殊经济功能区域		

性，并对全球城市即是全球性要素集聚的产物，其功能主要体现为生产性和经济性层面而非无所不包这一观点不存异议，但作为城市生产性要素核心载体和市场主体集聚主要空间的产业园区，却被全球城市理论框架所忽视。

事实上，产业园区对全球城市的全球性作用发挥功不可没，是全球城市的"亚主体"；"城市本体—园区载体—市场主体"的"三体合一"体系更贴近于全球城市运作的真实逻辑。

一、逻辑机理

在"城市本体—园区载体—市场主体""三体合一"逻辑框架中，产业园区处于城市本体和市场主体两者的中间层次。从城市本体角度而言，全球城市的本质在于适应于经济全球化的功能性，城市作为一个整体在宏观层面发挥世界城市网络的核心节点作用，但其本身并不配置全球资源。从市场主体角度而言，跨国公司和生产性服务业企业等机构与组织才是真正的资源要素配置主体，在微观层面直接掌控着要素的全球流动。而作为中间层次，产业园区发挥着上承城市本体、下连市场主体的中介作用。基于此，产业园区的全球化作用，内在遵循的是有别于宏观的城市本体和微观的市场主体的中观逻辑。产业园区中观逻辑的核心紧密围绕全球城市的本质内核——"集聚与辐射"展开，集中体现为"精准化识别—大规模集聚—高水平塑造—全球性辐射"的四层动态逻辑过程。

一是精准化识别。产业园区作为特定产业集聚区，客观上能发挥全球城市智力密集、标准严格等优势，对产业和企业进行分类和归类，厘清不同市场主体在产业链条与产业生态中的地位作用和能级水平，识别出匹配全球城市的产业、企业和机构等。

二是大规模集聚。依托全球城市优越的禀赋条件，产业园区能够广泛吸引世界范围内特定领域的跨国巨头和机构，并超越简单的物理堆积，更好地通过地理临近实现集群化发展和本地化嵌入，打造全球最大比例、最高标准的多元产业集聚区和机构平台集聚区，形成基于产业链和价值链的高水平产业集群，构筑全球城市的竞争力基底。

三是高水平塑造。在大规模集聚全球高能级、强掌控力微观市场主体的基础上，产业园区能够构建基于跨国巨头的企业内部全球网络、基于产业的全球价值链网络、基于机构或平台的个性化网络等各类全球性子网络，进而依托这些网络的互织互嵌，塑造专业性功能叠加综合性功能的城市全球性功能体系，形成相对于普通城市的巨大势能差，对全球经济运行实施高水平控制、管理、协调等。

四是全球性辐射。产业园区作为产业生态圈和功能综合体，不同跨国运作的市场主体或机构协同交融，凝练出较之单一主体或企业更强大的全球辐射源，也使得各子网络的辐射效能更优、辐射面更广，推动全球城市作为功能整体在世界城市网络中发挥核心作用。

二、主要方式

从各主要全球城市产业园区的运作实践看，可将其全球化作用发挥的方式归为六类。

（一）支撑全球城市规模体量，夯实全球功能基础

全球城市的规模与功能、量与质是一体两面的辩证关系，全球性高端功能离不开巨量的规模底蕴，没有一定规模支撑的功能必然虚弱有限。纽约、伦敦、东京和巴黎等公认的顶尖全球城市均是全球范围内的"大块头"城市，而在城市总量扩张中，产业园区因其激发产业集聚效应、发挥生产性功能、产出产品和服务的发展极核定位，成为全球城市要素规模的关键承载。全球城市产业园区庞大的要素体量，既包括集聚可观的要素存量，又指源源不断的要素增量，同时还涵盖面向全球范围辐射的要素流量。相较于普通城市，全球城市产业园区的要素体量除了规模更大之外，类型更为齐全，质量也更为高端。基于产业园区海量、高端和多元要素的集聚与辐射，实现"在

这里，为全球"，为全世界提供不可或缺的高品质产品和服务，从而构成全球城市核心功能的关键基础。

伦敦金融城仅 1 平方英里（2.59 平方公里）面积，2016 年 GDP 即高达 492 亿英镑，占伦敦和英国 GDP 的比重分别为 12.3% 和 2.8%。裕廊工业区以不到新加坡国土面积十分之一的空间，产出全国 20% 以上的 GDP，吸纳全国 1/3 以上的劳动力。2018 年，陆家嘴金融城区域税收总量超过 2000 亿元，区域户管税收 1053.7 亿元，占浦东 27.5%；全年实到外资 28.44 亿美元，占浦东 35%，占上海 16.44%。

（二）集聚跨国机构和功能载体，开展全球资源配置

产业园区集聚效应的本质是要素，但直观表现为企业、平台、机构等多元主体，全球城市产业园区通过政府规划、政策引导或市场自发等方式，一是汇集最大比例的跨国公司各类总部，及金融、法律、会计、咨询、广告等生产性服务业；二是资本、技术、劳动力、产权等生产要素市场，特别是股票、债券、货币、外汇、票据、期货、黄金、保险等金融要素市场高度集聚；三是国际性行业组织等国际组织也广泛落户于内。这些高度全球取向和跨国运作的企业与机构主体，编织了经济全球化的基础网络，不仅包含以其为重要节点的企业和行业的单一网络，还包括各主体间互动协作形成的复杂网络，从而有力塑造和支撑了城市的全球性功能，事实上是全球城市功能体系的微观主体。也即，全球城市的资源配置等全球性功能，就空间而言，位于产业园区内；就主体而言，系于产业园区的微观主体。

以陆家嘴为例，区域共有各类总部机构 600 多家。世界 500 强企业有 340 多家在陆家嘴设有机构，其中跨国公司地区总部 108 家，占浦东新区 1/3、占上海比重超过 1/7；已有全球 58 家国际知名资管机构在陆家嘴设立了 83 家各类外资资管公司，其中全球资管规模前十有 9 家。在裕廊工业区，谷歌分别于 2011、2015、2018 年先后建立了三个东南亚数据中心，支持东南亚日益增长的在线消费。

(三)融入全球价值链网络,助推城市能级提升

对于不同发展阶段的全球城市,产业园区的价值与作用存在差别。作为崛起中的全球城市,无一例外都拥抱全球化,将开放作为核心发展取向,以全面、深度融入全球价值链网络,并持续向价值链高端环节迈进。设立外向型产业园区,往往是崛起中全球城市开放的起点和重心。一方面,通过吸引国外投资,承接产业转移,学习先进技术和管理知识,接轨全球通行规则,嵌入国际劳工分工网络,迅速做大城市经济规模,发挥城市增长极核的作用。另一方面,在此技术上,持续推动外资利用迭代升级,引入跨国公司地区乃至全球总部和功能性机构,培育结算、研发等功能,鼓励区内本土企业积极"走出去",发挥城市高端功能载体的作用。

印度班加罗尔软件科技园区设立于20世纪90年代初,是印度最早的软件科技园。通过发挥高度集聚的低成本高素质软件人才优势,班加罗尔软件科技园抓住信息革命以及随之而来的软件服务外包机遇,一方面,集聚了如思科、IBM、摩托罗拉、朗讯、德州仪器、甲骨文和SAP等跨国巨头,另一方面,从数据录入、呼叫中心等后台服务外包起步,始终聚焦软件开发和信息科技领域。软件出口占了整个印度的半壁江山,推动班加罗尔成为印度的软件之都和全球最大软件外包中心,被称为"世界的办公室"。在持续融入全球信息科技分工网络的过程中,软件科技园逐渐升级,进入电子商务、应用程序、嵌入式软件等高附加值领域。印孚瑟斯、威普罗、塔塔等一批本土软件企业异军突起,从相对低端的"码农"和软件外包承接方,跃升为高端的整体客户解决方案提供者,并加速走向海外设立分支机构,甚至反向并购发达国家的信息技术公司。

(四)活创新内生动力,主导全球科技网络

区别于普通城市,全球城市的科技创新类企业和产业园区极为注重全球扩张,着力在全球科技创新网络中占据主导地位。科创园区全球性作用发挥的方式,既包括提高园区国际化程度,广泛集聚跨国科技巨头;也包括支持

区内科技企业特别是独角兽全球布局、抢占市场，对外辐射技术要素流；有的园区也跨出国境，在海外单独设立或合作成立分园。值得注意的是，全球城市参与全球科技网络竞争，并非另起炉灶，相反往往与其他要素如资本、人才等，以及传统优势产业如金融、时尚等深度整合、融合，并依托城市既有的全球性强大平台，如要素市场、生产性服务业网络、跨国公司体系等，从而拥有更大的竞争势能并更有可能牢牢占据全球科技网络核心节点地位。

在向科技发力的过程中，纽约、伦敦和巴黎等全球城市均不遗余力，呈现出纽约硅巷（Silicon Alley）、伦敦硅环（Silicon Roundabout）等多彩景观。以伦敦为例，步入21世纪初，伦敦市在毗邻金融城的肖尔迪奇区规划建设东伦敦科技城，也即伦敦硅环。其具有两大鲜明的全球性特征。一是跨国巨头高度集聚。作为欧洲第一、世界第三大技术创业集群，该城短期内汇聚了亚马逊、脸书、思科、英特尔、彭博、推特、高通等全球知名企业，这些企业具有强大的全球体系特别是面向欧洲市场的网络，极大提升了伦敦全球城市的内涵和底蕴。二是与优势行业高度融合。科技城与金融城的物理邻近持续激发了企业、行业间交叉融合的化学反应，"双城辉映"，一方面推动了金融科技等新兴行业的高速发展，伦敦位列德勤2017年全球新兴金融科技中心排名第一，极大强化了伦敦金融业在全球的竞争优势和领先势头；另一方面，金融资本对科技创新的有力支撑，也大大加速创新从"0-1"再到"1-N"的爆发式发展，赋予了伦敦科技创新迅速布局全球、抢占市场的战略先机与空间。由此，伦敦作为顶尖全球城市的竞争支点更加丰富，覆盖金融、科技、航运、文化等多个领域，巩固了其在全球城市网络中的核心地位。

（五）打造"联体"全球城市，构建协同发展格局

连接是全球化的本质，处于全球价值链网络和全球城市网络中，单个全球城市无法孤立存在，一旦失去连接性，全球城市便丧失基础根基，沦为普通城市。这种网络连接也体现在不同全球城市间，研究显示，全球城市间有着最高水平、最为多样化的基于互补合作的网络连接性，催生出 NY-LON 的服务关系，形成伦敦—纽约二联体城市。从全球城市间的合作实践来看，这种合作涉及城市政府、产业园区、协会商会、企业主体、智库媒体等不同层级和主体，产业园区在其中起到了沟通联系、推进合作的关键作用。进一步而言，基于产业园区的全球城市间多层次、多主体、多元化，以及高强度、高密度、高频度的连接，其内在机理是"园区载体"在"城市本体—园区载体—市场主体"框架中枢纽式、节点式地上承下联运作。

以伦敦金融城和陆家嘴金融城为例，近年来，双方开展了以沪伦通为核心的密切合作，即上海证券交易所与伦敦证券交易所互联互通机制，是指符合条件的两地上市公司，依照对方市场的法律法规，发行存托凭证（DR）并在对方市场上市交易。同时，通过存托凭证与基础证券之间的跨境转换机制安排，实现两地市场的互联互通。此外，两个金融城持续开展"双城"友好交流：陆家嘴金融城在伦敦金融城设立海外联络机构，派出多支金融精英实训团队赴伦敦金融城考察学习资产管理等新业务，并面向伦敦金融城开展国际化人才招募；伦敦金融城每年均有高层次代表团参加陆家嘴论坛，还于2019年担任陆家嘴论坛的伙伴城市。这些合作不仅促进境内机构融入全球核心资本市场，也加深了伦敦的全球连通性，更强化了上海和伦敦两大全球城市的合作。

（六）链接周边一体发展，塑造全球城市区域

全球城市是"流动空间—地点空间"的统一体，两者始终处于寻求均衡的动态演变中。全球要素流量的持续增长，全球性功能的丰富拓展，客观上要求全球城市超越行政边界扩张以有效承载，从而推动着全球城市向全球城市区域演进，催生了以要素流动自由化、市场一体化以及产业链整合化为本质特征的区域一体化发展。产业园区在其中发挥了重要的先行推手和空间载体作用。其逻辑在于，以更广的功能性空间，承载更多的全球性功能，支撑全球城市在全球经济运行中发挥更大效能；其主要形式，一方面是支持园区

内企业跨行政边界布局发展，着力提升全球竞争和运营能力，另一方面则是园区本身的跨行政边界扩展合作，输出园区模式，设立分园区或合作园区，集聚和辐射更多全球要素。

三、基本特征

产业园区作用发挥的特征，事实上体现了全球城市在全球价值链网络和全球经济运行体系中独特角色，具有四大基本特征。

（一）市场网络全球化

产业园区的全球化是城市全球性功能的重要基础，内在要求其必须始终面向全球市场和世界网络，形成基于"一园多体"框架，辐射全球、类型多元、繁密复杂的全方位市场网络体系。一方面，产业园区是"本地空间与全球流量"的叠加，以全球业务而非本地化业务为核心，遵循的是世界时钟，在国际劳动分工网络中动态发挥核心节点作用。另一方面，产业园区集聚了包括行业全球领军企业、功能机构、行业类组织等在内的多元主体，每个主体均身处或掌控一个或多个企业或行业网络，从而丰富并增强了产业园区全球网络的类型、密度和整体竞争力。

（二）价值实现高端化

全球城市处于国际分工网络核心节点的地位、把控价值链高端环节的优势、高能级主体集聚的特点，决定了产业园区产出和输出的高附加值与高端属性。首先，全球城市产业园区的高成本。全球城市本身数量的稀缺性，以及产业园区的空间有限性和竞争全球性矛盾，客观上将推高运行的成本。其次，全球城市产业园区的高层次。物竞天择，适者生存。成本的筛选功能，使得唯有真实力的市场主体或机构才能进驻，进驻的也必然是企业的总部类高端部分。第三，全球城市产业园区的高回报。在全球城市产业园区运作，将直接或间接获得全球高级要素和高端平台的助益，有利于在全球市场赚取超额利润。

（三）大进大出流动化

推动全球要素高效、便利流动，是全球城市产业园区作用发挥的重要形式。一方面，生产力全球布局、价值链全球分工的实际，要求作为"指挥中枢"的全球城市，确保要素在全球网络的全时流动，即实现高密度、高强度集聚辐射动态过程的秩序性；另一方面，全球要素汇聚到产业园区一个点上，规模无疑是海量水平，也即流量的出度和入度规模都极其庞大。因而，全球城市产业园区事实上相当于转换器和中继器，时刻处于巨量规模要素大进大出的流动状态。

（四）内部运行开放化

产业园区的开放，既体现在对外联系上，也渗透于内部运行的全流程与全环节，这在很大程度上决定了产业园区全球联系的内容、形式、频度和强度。一方面，为全球要素和主体集聚营造便利、公平的环境，全面消除歧视待遇和不必要门槛，并为国际化经营等各项活动提供专业化支撑；另一方面，产业园区的运营主体往往市场化运作，避免过度行政干预带来效率损耗。

四、基础条件

产业园区支撑城市发挥全球性作用，需要特定的基础条件支撑，这些条件来自全球城市特有的结构性要素。具体而言，包括以下五大基础条件。

（一）基础设施

一是世界级的枢纽配置。机场和港口在海量规模要素集聚和辐射中承担着关键性的通道载体重任。东京、伦敦、迪拜、上海和巴黎等典型全球城市绝大多数拥有多个机场，并有着世界最庞大的客运规模。一些全球城市特别是崛起中的全球城市如上海、新加坡、香港和迪拜等，甚至同时拥有最大吞吐规模的空港和海港设施。不仅如此，很多园区既在产业功能上也在空间区位上，直接依托所在城市的空港和海港，空港和海港成为产业园区的有机组成部分。如裕廊工业区南岸坐落着世界级的散装货运港裕廊港，新加坡第一个自贸区也围绕该码头而设立。二是全球性的要素平台。除物流枢纽外，资本、人才、信息、产权等全球要素平台对产业园区全球性作用发挥也至关重要，而由股票、债券、货币、外汇、票据、期货、黄金、保险等构成的金融要素市场最为关键。其他产业园区能够依托、嫁接这些辐射全球的要素平台网络，增强全球化运作能力，并提高园区对跨国企业等微观市场主体的吸引力。

（二）制度安排

全球城市产业园区发挥全球性作用，离不开国家整体的开放型架构，许多产业园区更是受益于地方乃至中央政府有针对性的定制化的制度设计。这类制度安排的核心，在于管制和税制两大层面，集中体现为货物、服务、运输、人员、资金等要素的低成本、便利化自由流动，以及较低的税率。

（三）产业禀赋

产业园区既是全球城市产业发展的聚宝盆和推进器，也离不开城市整体的产业基础。首先，一定的产业规模才能形成集聚效应，催生出聚焦某一个或几个产业的产业园区。其次，单一产业无法支撑全球城市的形成，产业关联效应要求全球城市具备丰富多元的产业生态，促进不同产业园区之间的产业合作和功能协同，打造更具综合性的城市功能。第三，新兴产业园区更有可能萌发于城市整体的产业土壤环境，从而实现产业园区的持续演进和进化。

（四）人才支撑

时至今日，城市、产业、人才三个变量之间，已演化为"人才成就产业，产业塑造城市"的全新关系逻辑，人才成为核心变量。全球城市规模庞大的人才储备、类型多样的人才生态和丰富高效的全球人才网络，构成产业园区全球化运作的战略支撑。纽约"硅巷"数字媒体产业迅速崛起的秘诀之一，在于纽约作为文化大都市所拥有的作家、编剧、导演、设计师等艺术人才基底。

(五) 社会环境

产业园区全球资源配置作用的发挥,离不开开放包容、创新自由的社会氛围,以及良好的教育、医疗、文化等社会服务配套。全球城市产业园区乃至城市之间的竞争,综合配套环境成为独特而关键的因素。为了改变东京外国人占比逊于纽约、伦敦等的状况,东京在亚洲总部计划中特别制定了"商业辅助支援""生活环境建设"等配套措施。

五、对策建议

产业园区建设伴随着浦东 30 年开发开放的全过程,面对日趋激烈的产业间和城市间全球竞争,浦东的产业园区要全力扩规模、提密度、强质量,以支撑浦东特殊的战略功能和战略定位。

(一) 进一步在全局层面和战略高度谋划产业园区建设

首先,制定产业园区发展的指导意见。明确产业园区是城市经济发展的战略空间,是城市核心功能的关键载体,坚定不移发展园区是事关城市发展全局的战略选择。其次,实施倾斜化的专项扶持政策。在土地、空间、产业、容积率、人才、财税、功能载体、对外拓展等方面,形成专项配套政策体系,推动人才、资本、信息、技术等战略资源加速向园区集聚。第三,强化园区发展的动态评估。在世界范围内,对标最高水平的产业园区,构建园区高质量发展的指标体系,对浦东各类园区开展科学评估,达到以评促建、争创一流的效果。

(二) 进一步构建分工明确与竞合有序的产业园区体系

一方面,打造分工明确、各具特色的产业园区层次体系。既包括数个高能级、综合性、引领型园区,也包括分布全区、遍布各行的专业性特色化园区,以及众创空间、孵化器等蚂蚁雄兵。同时,保持有进有出、能上能下的动态弹性,提前布局一批园区空间。另一方面,形成竞合有序、紧密高效的产业园区协同体系。营造百花齐放、百舸争流的良性竞争格局，鼓励开展产业链、创新链和价值链合作，构建园区联合体，促进园区内市场主体广泛交流。

(三) 进一步升级产业园区企业和产业的全球竞争力

对于企业，要千方百计集聚本土或国外跨国巨头、行业领军企业的各类总部级机构，发挥其对产业链招商的积极作用，为企业跨国拓展、全球布局创造条件。对于产业，突出浦东优势产业和新兴前沿产业，突出关键、高附加值环节和核心技术，在集成电路、生物医药、人工智能、智能制造、新材料等领域，瞄准世界一流水平全面发力。同时，将"以亩产论英雄""以效益论英雄""以能耗论英雄""以环境论英雄"的激励约束机制，作为企业和产业选择的重要标准。

(四) 进一步拓展产业园区的全方位连接能力

首先，提高园区对全球要素的集聚辐射能力，破除要素自由流动的体制机制障碍。其次，支持园区加强与境外园区的双向交流，争取园区类国际组织或行业类国际组织落户浦东。第三，鼓励园区在境内外设立"飞地园区"，积极输出管理模式和品牌，塑造园区自身的国际网络。

第四章

以高水平为指向，推动浦东深度链接全球

第一节 以"五大联动"促进开放战略融合

一、在全球化视野中理解"中国奇迹"

工业革命以降的世界格局变迁表明，一个全球性大国的崛起，必然是深度融入全球运行体系的结果，也必定呈现出对开放理念的坚定秉持和对世界的全面拥抱。自贸区和进博会，构成当代上海开放发展的"一体两翼"，双轮驱动着中国加速融入和引领全球化，奔向民族复兴之路。

大国兴衰的背后有着深刻的时代烙印，理解当代大国发展，离不开世界的视野和全球的逻辑。

人类历史是一部持续克服地理阻隔的文明交往史，跨境贸易线路串联起一个个国家和一座座城市，很多国家和城市也因跨境贸易而生、而兴，也因贸易线路改变而衰。但这并非当代意义上的全球化，英国学者彼得·迪肯将古代的跨境经济活动称为"国际化过程"，当代世界经济图景则为"全球化过程"。前者包含经济活动跨越国境的简单扩张，本质上它们反映了量的变化，导致更加宽广的经济活动地理格局；后者不仅仅包括经济活动跨越国境的地理扩张，而且更重要的是包含在国际上分散的经济活动的功能一体化，因此本质上它们反映了经济活动组织方式的质变。这种划时代转变发生于20世纪六七十年代，其关键在于要素跨国流动和全球配置取代了单纯的产品贸易，进而催生了由产业间分工到产业内分工，再到产品内分工的全球价

值链体系，跨国公司开始成为全球化的核心推进力量，客观上赋予了后发国家依托自身优势要素、叠加全球先进要素从而实现跨越式发展的可能。

无论巧合与否，中国历史性地抓住了全球化的机遇，锐意推进改革开放，最终造就人类历史上绝无仅有的"中国奇迹"。"中国奇迹"也是"全球化奇迹"，全球化塑造了中国；中国的成功，则成为当代全球化进程的最佳实践，更是全球化正当性的最有力证明。正如习近平主席所言："从历史的长镜头来看，中国发展是属于全人类进步的伟大事业。"受益于全球化进程，深度嵌入全球价值链分工体系，今日中国已与世界形成牢不可分的命运共同体，更坚定了自身进一步全方位融入全球化的决心和信心，同时客观上也承载了推动全球化持续演进的大国义务。开放之于中国，正超越手段或战略层次，逐渐内化为基因。

从这个角度来说，自贸试验区和进博会并非应对国际时局阶段性变化的临时之举，而是广泛连接、深度链接的全球化逻辑使然，是世界互联互通时代中华民族伟大复兴的战略谋划。美国学者帕拉格·康纳所言在《超级版图：全球供应链、超级城市与新商业文明的崛起》一书中写道，"如今一国的实力更要看这个国家通过连接所能发挥的作用，因此一个国家重要性的根本决定因素不是其地理位置或人口规模，而且是其互联互通程度，即在地理互联、经济互联、数字互联层面是否深度参与全球资源、资本、数据、人才和其他有价值的资产流。"

二、作为开放"两翼"的自贸试验区和进博会

开放作为理念，在宏观层面是国家制度体系构建，在微观层面则体现为国际国内要素有序自由流动，而在关键的中观层面则需要成体系的平台和载体，其要义在于把全球市场的蛋糕做大、把全球共享的机制做实、把全球合作的方式做活，共同把经济全球化动力搞得越大越好、阻力搞得越小越好。自贸试验区和进博会就是既体现时代精神和中国特色、又具有战略性与实操

性的中观设计。

自贸区并不是中国首创，今天距爱尔兰香农自贸区设立已近60载，但2013年9月上海的自贸试验区设立及后续深化，仍然标志着中国开放进入了新的阶段，开始全方位融入全球经济运行体系。进博会则是世界上第一个以进口为主题的国家展会，是世界第二大经济体在全球化重大转折关头的历史性创举，展现了中国矢志不渝推动全球化的强大意志。就两者差异而言，主要体现为四个方面：

首先，背景不同。自贸试验区最初是接轨国际通行规则、应对双边和多边贸易协定谈判的战略抉择；进博会是在逆全球化思潮涌动、贸易摩擦和投资保护不断加剧背景下，支持多边贸易体制、发展自由贸易的中国方案。

其次，聚焦点不同。自贸试验区自2013年设立后更关注制度创新，以及建设具有国际市场竞争力的开放型产业体系；进博会则交易商品和服务，交流文化和理念，是一个国际合作的综合性公共平台。

第三，逻辑不同。自贸试验区逻辑侧重于以开放促改革；进博会则是以开放显担当、促发展、促合作。

第四，形式不同。自贸试验区是有严格空间范围限定的持续探索；进博会虽然每年举办，并依托常年展示交易平台打造永不落幕的进博会，但重心仍是一年一次的短期盛会。

在差异的背后，显而易见"开放"是最大公约数，两者体现了"坚持'拉手'而不是'松手'，坚持'拆墙'而不是'筑墙'"的大国风范，共同构成当前中国扩大开放、维护全球化最具标志性的品牌载体。

不仅如此，早五年诞生的上海自贸试验区，还是进博会成功举办的重要先导和战略支撑。一个有趣的命题是：自贸试验区的试验与进博会成功之间有直接关联么？答案是肯定的。显然，没有2013年以来自贸试验区的持续探索和对全局发展的巨大推动，就难以彰显"中国市场这么大，欢迎大家都来看看"的战略自信。这几年间，上海自贸试验区聚焦正确处理政府与市场关系，通过以制度创新为核心的改革试验，在投资、贸易、金融创新和事中事后监管等领域，形成了包括"贸易便利化"在内的一批基础性制度和核心制度创新，100多项制度创新成果在全国复制推广，为中国全面深化改革和扩大开放、构建开放型经济新体制探索了新途径、积累了新经验，为进博会这样的开放"大事件"举办创造了条件、打下了基础。以前三轮自贸试验区方案为例，诸多贸易相关的制度创新设计，极大促进了上海贸易中心的功能建设，比如：

2013年《中国（上海）自由贸易试验区总体方案》提出，推进贸易发展方式转变，推动贸易转型升级，提升国际航运服务能级；创新监管服务模式，推进实施"一线放开"，坚决实施"二线安全高效管住"。

2015年《进一步深化中国（上海）自由贸易试验区改革开放方案》提出，积极推进贸易监管制度创新，在自贸试验区内的海关特殊监管区域深化"一线放开""二线安全高效管住"贸易便利化改革，推进国际贸易"单一窗口"建设，统筹研究推进货物状态分类监管试点，推动贸易转型升级，完善具有国际竞争力的航运发展制度和运作模式。

2017年《全面深化中国（上海）自由贸易试验区改革开放方案》提出，建成国际先进水平的国际贸易"单一窗口"，建立安全高效便捷的海关综合监管新模式，建立检验检疫风险分类监管综合评定机制，实施贸易便利化新规则，创新跨境服务贸易管理模式，以高标准便利化措施促进经贸合作。

三、以"五大联动"深化开放进程

习近平主席在第二届中国国际进口博览会开幕式上的主旨演讲中指出，中国对外开放是全方位、全领域的，要增强开放联动效应。作为全面开放的两大标志性战略举措，自贸试验区和进博会更无法截然分离、各自单轨运作，否则无法最大化、最优化推进新时代开放进程。尤其是对于兼有两者的上海而言，推动进博会溢出效应释放和自贸试验区深化融为一体是篇必须做好的文章，从而加速城市能级和核心竞争力提升。在开放旗帜下，书写这篇文章的核心在于"五个联动"。

（一）制度联动

依托自贸试验区制度创新优势，形成"进博出题、论坛议题、自贸解题"格局。进博会持续举办和效应释放遇到的制约瓶颈、经贸论坛的思想结晶，可以为自贸试验区扩大开放、深化改革提供靶标与方向；自贸试验区的制度创新成果也有助于进博会越办越精彩。

（二）功能联动

上海综合性城市的定位要求功能间的耦合。自贸试验区是上海金融、贸易、航运、创新等多元核心功能的重要承载区，综合功能突出，与进博会的贸易功能融合叠加，可以加速贸易中心功能建设，并反哺其他功能，释放功能集成互促效应，全面提升城市能级和核心竞争力。

（三）区域联动

支持自贸试验区各具特点的片区与进博会举办地虹桥商务区充分联动，拓展进博会空间承载，在活动合办、项目合作及创新合力等方面建立常态机制，将进博会的思想成果和招商引资成果落地到最具转化力与竞争力的区域。

（四）产业联动

立足自贸试验区扎实的贸易和会展等产业基础，融入和抓住进博会催生的进出口与展览展示机遇；鼓励自贸试验区内生物医药、集成电路、装备制造等优势产业与同领域国外参展主体深度对接，加速引进国外先进技术和设备。

（五）平台联动

支持自贸试验区贸易平台和进博会进出口平台之间，自贸试验区内金融、创新等论坛平台和虹桥经贸论坛平台之间等强化战略沟通，形成面向世界、功能错位、协同共促的良性发展格局。

第四章　以高水平为指向，推动浦东深度链接全球

第二节　借助 RCEP 构建浦东对外开放新优势

2022 年 1 月 1 日，《区域全面经济伙伴关系协定》（RCEP）生效。该协定是目前全球规模最大、最具影响力的自贸协定，RCEP 15 个成员国总人口、经济体量、贸易总额均占全球总量约 30%，东亚经济圈的崛起将与欧洲、北美经济圈形成真正的"三足鼎立"。[1] 在关税减让方面，区域内 90% 以上的货物贸易立刻或逐步实现零关税。RCEP 生效当日，中国与东盟、澳大利亚、新西兰之间的立即零关税比例超过 65%，与韩国相互之间立即零关税比例达 39% 和 50%。值得一提的是，RCEP 框架下，中国与日本首次建立自贸关系，相互立即零关税比例分别达到 25% 和 57%。最终，86% 的日本出口至中国的产品将实现零关税。[2] 不仅在关税减让方面，RCEP 在促进贸易投资便利化、重构国际经贸规则和重塑区域产业链价值链等方面也具有较强的影响力。对于浦东这个外向型经济体来说，RCEP 对浦东的影响是全方位、深远的，要积极把握机遇，以引入更高标准经贸规则为契机，增强浦东全球资源配置能力，构建对外开放新优势，为打造社会主义现代化建设引领区注入强劲动能。

一、RCEP 亮点梳理

作为目前全球范围最广、体量最大的自由贸易协定，RCEP 将重塑全球贸易格局、引领全球经贸规则。我国作为首批生效的国家之一，从 2021 年 1 月 1 日起就开始享受 RCEP 为进出口带来的红利了。根据上海海关统计数

---

[1] 《经济日报专论：中国贸促会会长高燕详解 RCEP》，https://baijiahao.baidu.com/s?id=1683558436299320836&wfr=spider&for=pc。

[2] 《这半年 RCEP 红利持续释放：RCEP 的 15 个签署成员国中生效成员数量已达 13 个》，https://baijiahao.baidu.com/s?id=1736839876903607630&wfr=spider&for=pc。

据，截至1月31日，上海海关累计受理273份进口享惠报关单，货值2.8亿元，关税减让489.5万元；签发RCEP原产地证书4553份，货值17.9亿元；实现优惠贸易项下进出口总值达20.7亿元。审核通过2家经核准出口商，企业自主签发1份原产地声明，货值1139.4万美元。[1]

（一）零关税

零关税一直是自由贸易追求的目标。RCEP框架下90%以上的货物将会实现零关税，可以说，零关税是RCEP最大的亮点，企业和消费者将从中直接受益。RCEP框架下，零关税商品目录显著扩大，进口成本的降低有助于企业优化产业链和价值链。消费商品的零关税将有助于更多优质消费品进入国内，促进国内消费转型升级，加快北京、上海、广州等地的国际消费中心城市建设。当然，伴随关税下调而来的产业转移效应也是客观存在的，但从根本上说，产业转移效应有利于倒逼企业转型，加快技术攻关步伐，培育自身核心竞争力。

（二）差异化

RCEP各成员国在经济发展水平、政治制度、文化背景等方面差异较大，而面对这些差距较大的成员国，RCEP规则展现了较强的包容性，主要体现在一些差异性、阶段性、过渡性的制度安排上。比如，零关税政策分为"立即降为零"和"过渡期降为零"，过渡期分为10、15、20年等。再如，贸易便利化方面，RCEP推行无纸化贸易和电子签名、电子认证，但考虑到各成员国的不同情况，并未对所有成员国强制要求，因而在协议生效起五年内，不要求柬埔寨和老挝实施无纸化贸易。

（三）原产地累积

原产地累积是RCEP一项重要的制度安排，将成员国之间的贸易壁垒和交易成本进一步最小化。在原产地累积规则下，享受关税减让的门槛大大

---

[1]《RCEP生效满月 海关助力外贸企业迎来"开门红"》，https://m.gmw.cn/baijia/2022-02/09/1302796059.html。

降低，通过各成员国内部原材料的区域积累制度，区域内资源得以优化配置，产业链得以优化布局，比较优势得以充分发挥。特别是对于总部经济较为发达的区域来说，跨国公司地区总部要善于运用 RCEP 原产地累积规则，重新优化产业链布局，调整原材料和零部件的采购渠道，重构产业链各环节的比较优势。

（四）自由化便利化

在贸易方面，RCEP 贸易便利化水平整体上超过世贸组织《贸易便利化协定》；在投资方面，RCEP 对 10＋1 协定的投资规则进行整合升级，在投资市场准入和投资保护等方面作出全面、平衡的投资安排，形成亚洲地区规模最大的投资协定安排，有助于营造更加稳定、开放、便利和可预期的投资环境。

二、RCEP 为浦东提供的机遇分析

从规模上来说，东盟国家和日本向来是上海、浦东最重要的进出口贸易伙伴之一。2021 年，上海市对最大贸易伙伴欧盟进出口 8069.3 亿元，增长 15.8%，占同期上海市进出口总值的 19.9%。同期，对东盟进出口 5380.8 亿元，增长 11%，占 13.2%；对美国进出口 5081.2 亿元，增长 5.5%，占 12.5%；对日本进出口 4115.6 亿元，增长 8%，占 10.1%。[1] 就浦东来看，欧盟、东盟、美国和日本同样也是浦东前四大贸易伙伴，进出口合计占全区 50% 以上。对浦东来说，要紧抓 RCEP 机遇，在自贸试验区建设、打造更高能级的总部经济以及建设国际消费中心等方面进一步拓展空间、培育亮点。

（一）促进自贸试验区在引领国际经贸规则上积极作为

一直以来，我国坚持推进高水平对外开放和经贸协作，RCEP 就是我

---

[1]《首破 4 万亿元大关！2021 年上海市外贸进出口创新高》，https://sghexport.shobserver.com/html/baijiahao/2022/01/24/642896.html。

国经历了长达 8 年的艰苦谈判后成功签署的自贸协定。我国还正式申请加入全面与进步跨太平洋伙伴关系协定（CPTPP）及数字经济伙伴关系协定（DEPA）等，以实际行动践行真正的多边主义。自贸试验区是党中央、国务院在新形势下全面深化改革和扩大开放的战略举措，是国内重要的对外开放平台，同时也是对标、践行国际规则的"压力测试"区。随着国内自贸试验区功能的不断完善和制度创新成果的巩固，"先行先试""制度创新"成为国内自贸试验区最亮眼的标签。因此，在对标国际经贸规则方面，国内自贸试验区应当从对接、遵守国际规则逐步向引领、主导国际规则转变，为我国积极扩大对外开放和深化国内改革打好头阵。

作为国内自贸试验区"雁阵"的"头雁"，上海自贸试验区、临港新片区要在熟练运用 RCEP 经贸规则的基础上，从优势领域入手，参与国际规则的修改、完善和制定，从国际规则的接受者、追随者转变为主导者、创立者。例如，在数字贸易和相关细分领域，很多国际经贸规则尚处于空白，而抢占新规则制定的空白领域可以成为上海自贸试验区，特别是临港新片区的探索方向。以熟练运用 RCEP 规则为契机，率先尝试 CPTPP、DEPA 新规则，不断培育、强化国际规则语境，在此基础上，积极争取规则制定的主动权和话语权，培育参与国际经济合作和竞争新优势。在上海自贸试验区的基础上探索打造数字贸易示范区，开展国际高水平自由贸易协定规则的先行先试，为国际经贸规则的制定贡献"浦东方案"。

（二）提升总部企业全球资源配置能力

20 世纪 90 年代，上海在全国率先提出吸引财富 500 强和跨国公司总部机构的战略构想，如今，上海已成中国内地跨国公司地区总部机构最为集聚的城市。2021 年 1—10 月，浦东新区新增跨国公司地区总部 25 家，累计跨国公司地区总部 384 家，占全市 46.7%。[1] 不仅在数量上占了全市的"半

---

[1]《浦东高能级、复合型总部今年显著增加，跨国公司本土化创新更深入》，https://export.shobserver.com/baijiahao/html/430714.html。

壁江山"，浦东总部经济呈现"更高能级"发展态势，能级不断提升，功能不断叠加，辐射效应明显，成为浦东打造社会主义现代化建设引领区的特有优势。近年来，依托总部增能计划和"全球营运商计划"（GOP 计划），各种能级、类型总部的加速集聚，浦东全球资源配置能力不断提升，开放枢纽门户功能不断强化。

RCEP 为浦东发展更高能级的总部经济提供了更多的现实可能。在 RCEP 更加开放、透明、自由的经贸规则及服务贸易和投资双向开放带动下，区域产业合作将进一步增强，产业链供应链深度融合，企业全球布局更高效、经营活动更顺畅。例如，巴斯夫（中国）化工产品的主要出口目的地为东盟、韩国等 RCEP 成员国，在 RCEP 之前，虽然出口到东盟的大部分化工品享受零关税，但也有小部分被认定并不符合东盟的原产地规则，享受不到关税优惠。借助 RCEP 框架内的"化学反应规则"，即通过某种特定化学反应制备，就可获得原产资格的规则，一些以前不能享受的关税优惠有望打破。[1] 除了"化学反应规则"，还有"区域累积规则"，这些新规则重塑了区域被各地原有的原产地优势，对跨国公司总部的投资贸易布局和产业链供应链布局调整将产生重要影响。基于此，浦东可以在全球运营商计划中增设 RCEP 板块，成立 RCEP 工作专班，提升浦东总部企业 RCEP 经贸协定普及率和利用率。

（三）借助 RCEP 巨大的贸易创造力加快贸易新业态发展

外贸新业态新模式是我国外贸高质量发展的生力军，也是引领未来外贸发展趋势的重要力量。跨境电商、海外仓、离岸贸易、市场采购贸易、外贸综合服务企业、保税维修等 6 种新业态新模式在全国很多地方都显现出强劲的发展势头，成为疫情之下推动我国经济发展、促进国内国际双循环的新动力。以离岸贸易来说，由于离岸贸易能够有效增强全球资源配置能力，

---

［1］《上海海关办好"经济护照"迎接 RCEP 生效》，http://haikou.customs.gov.cn/shanghai_customs/423446/423447/4112106/index.html。

2020年以来,上海、海南、浙江、江苏等多地开展支持新型离岸国际贸易发展试点工作,首测、首单陆续涌现,成为各地新的经济增长点。2021年10月,"离岸通"平台在上海外高桥保税区上线,标志着上海自贸试验区在解决离岸贸易真实性难题、促进离岸贸易规模化发展道路上迈出关键一步。

RCEP协定生效大幅优化区域内整体营商环境,明显降低企业利用自贸协定的制度性成本,提升了成员国间的贸易投资便利化程度。在RCEP框架下,既有的外贸新业态新模式的发展空间将不断拓展,新的业态和模式也将不断出现。以跨境电商来说,疫情使跨境电商逆势而起,订单不断增加。但2020年以来,由于港口拥堵、运费飞涨,许多跨境电商订单没有减少,但利润却下降了。RCEP条款中包含专门的电子商务章节,电子商务及跨境贸易的便利化和部分产品零关税等一系列政策能帮助跨境电商解决现实难题。另外,RCEP签署后,区域内各成员国的资源、商品流动、技术和服务资本合作以及人才合作将会更加便利,这有利于跨境电商加快布局海外仓。[1] 再以离岸贸易来说,区域一体化进程的加快必定会拓展离岸贸易应用场景,不仅促进离岸转手贸易、全球采购、委托境外加工等现有离岸贸易形式的快速发展,也将催生新的离岸贸易业态。浦东要做的就是优化离岸贸易发展环境,把这些现实和潜在的需求转化为实实在在的订单落地。要进一步扩大"离岸通"的数据来源渠道,将全球更多的海关数据集成到该平台,让"离岸通"真正成为判断离岸贸易真实性的有力武器,助力浦东、上海、长三角乃至全国离岸贸易的规模化发展。

(四)以RCEP为契机为浦东国际消费中心建设提质增能

国际消费中心是全球城市的核心功能和重要标识。2021年7月,经国务院批准,在上海、北京、广州、天津和重庆五市率先开展国际消费中心城市培育建设。随后,上海发布《上海市建设国际消费中心城市实施方案》,

---

[1]《RCEP中涉及跨境电商的内容帮你整理好了,请查收》,https://baijiahao.baidu.com/s?id=1715616083444578564&wfr=spider&for=pc。

提出全面打响"上海购物"品牌，建设具有全球影响力、竞争力、美誉度的国际消费中心城市。其中特别提出，要建设浦东国际消费中心，加快推进浦东"全球消费品牌集聚计划"，吸引更多国际国内知名商业主体和消费品牌集聚浦东，打造面向全球市场的新品首发地、引领消费潮流的风向标。发挥浦东先进制造和贸易航运枢纽优势，推动消费平台和流通中心建设。[1]

成为扩大国内需求的典范引领是《中共中央 国务院关于支持浦东新区高水平改革开放打造社会主义现代化建设引领区的意见》赋予浦东的战略定位之一。RCEP是浦东传统消费转型升级和新型消费创新发展的重要切入点，作为浦东重要的贸易伙伴，RCEP成员国产业互补强、比较优势突出、优势产品丰富，如东南亚国家的农产品、加工食品，澳大利亚和新西兰的畜牧产品和乳品，日韩的汽车、数码产品和化妆品，这些都是深受浦东市民青睐、满足浦东消费结构升级所需的。对于浦东来说，RCEP让"买全球"的渠道更加丰富、成本更加经济了。要用好RCEP新机遇，吸引优质消费资源集聚，使RCEP与进博会、跨境电商等现有的平台和业态协同、联动发展，打响RCEP消费新口号、新品牌。不仅是货物贸易，浦东还应在服务贸易上发力，充分利用RCEP在服务贸易方面的开放条款，以自贸试验区扩大服务业开放为抓手，加快电信服务、医疗健康、教育培训等服务业开放步伐，促进服务供给体系升级。

（五）进一步提升中小企业发展活跃度

中小企业是最具活力的市场主体，在运营方式、技术创新和市场嗅觉等方面具有独特的优势，和大企业共同构成产业链和生态圈。近两年来，全球疫情加速经济和贸易的数字化进程，对于中小企业来说，数字化降低了参与全球贸易的门槛，大大拓展了全球市场。根据2021年12月德勤发布的《科技赋能亚太数字贸易》，成长中的亚洲中小跨境电商在数字技术助力下，

---

[1]《上海市建设国际消费中心城市实施方案》，https://www.shanghai.gov.cn/nw12344/20210918/1e04ac458e5c4ccb9a1ed0533ace1717.html。

正尝试关键一跃、成长为"微型跨国企业"。这些企业具有数字化特性强、产品领域细分、市场占有率高和拥有固定消费群体等特点。[1] 为促进区域内各成员实现均衡发展，RCEP 专门设置了中小企业和经济技术合作两章，以期促进各国利用自贸协定平台，加强对中小企业和经济技术合作的支持和投入，使中小企业、发展中经济体更好地共享 RCEP 成果。其中，中小企业章旨在为中小企业合作搭建更广阔的平台，鼓励它们更积极地利用自贸协定及协定创造的经济合作项目，更好更快地融入区域价值链和供应链中来。

RCEP 和数字贸易使"微型跨国企业"的崛起成为可能。对于浦东来说，既需要"顶天立地"的大型跨国企业，也需要"铺天盖地"的中小微企业，共同构建开放、创新、聚合的良性经济生态圈。浦东要以前瞻、主动、积极的姿态融入数字经济和数字贸易的发展，借势 RCEP，助力浦东中小企完成"关键一跃"。要像为大型跨国公司服务那样，为广大现实和潜在的"微型跨国企业"定制特色服务，打通堵点难点痛点。如鼓励企业建"独立站"，不依赖于亚马逊等大平台，既免去第三方平台"进场费"和规则制约，同时又能培育品牌影响力，增强与消费者的互动性。再如，发挥浦东金融创新优势，为中小企业量身打造跨境收付款工具，为企业提供便捷、灵活的金融工具。

（六）以农产品"走出去"带动都市农业发展

上海是全国农业 GDP 占比最低的国际大都市之一，但乡村振兴的重要性并不因为农业 GDP 占比低而受影响。超大城市发展都市农业，要聚焦高端化、多元化和生态化等特征。农产品出口在一定程度上能够加快农业的标准化、高端化、绿色化，进而促进农业生产要素的高效配置，为都市农业的发展提质增效。日本是我国最大农产品出口国，但对农业实行高保护。RCEP 签订前，日本仅对从中国进口的税目数 20% 的农产品给予零关税待

---

[1]《德勤 2021 年度报告：未来三年仍是全球数字贸易黄金期》，https://view.inews.qq.com/a/20211214A09EPT00。

遇。RCEP项下，日方承诺对我国63.3%的农产品给予零关税待遇。[1]

RCEP为浦东优势农产品出口提供了新机遇。2020年，上海首批黄桃出口新加坡，获得良好的市场反响。2021年，有着上海名牌产品与中国国家地理标志产品称号的南汇水蜜桃首次走出国门，迈向国际市场。实际上，自2020年以来，海外市场对疫情控制良好的中国农产品格外青睐，有了RCEP关税减让政策的加持，浦东要紧抓机遇，开拓和布局RCEP市场，鼓励优质农企扩大出口，促进本地种植产业向高端化、智能化、绿色化发展。借助优势农产品的出口，浦东农业还可以在国际上打响品牌、树立形象、输出文化，彰显浦东的历史文化底蕴。

浦东打造社会主义现代化建设引领区的大幕已经全面拉开，面对RCEP带来的机遇，浦东要积极践行国际经贸新规则，引导产业和企业适应区域市场更加开放的环境，以高水平开放促进更深层次改革，全面提升浦东的全球竞争力。浦东要打好上海自贸试验区、总部经济等几张"金字招牌"，同时，将RCEP机遇与已有的发展战略紧密结合，引导和鼓励企业以RCEP实施为契机，进一步提升贸易和投资发展水平。在此基础上，浦东要增强主动意识和前瞻意识，以数字贸易等新型贸易为切入口，抢占新规则制定的空白领域，积极争取规则制定的主动权和话语权。聚焦贸易新业态新模式，通过提升传统贸易的数字化水平、加快外贸的细分领域发展，促进外贸业态的创新、重组和融合，培育参与国际经济合作和竞争新优势，进而在国际规则制定中谋求话语权，提升影响力。

第三节 依托自贸试验区打造扩大国内需求的"典范引领"

《中共中央 国务院关于支持浦东新区高水平改革开放打造社会主义现

---

[1]《RCEP正式生效 我国农业迎来发展新机遇》，https://baijiahao.baidu.com/s?id=1721083510013630502&wfr=spider&for=pc。

代化建设引领区的意见》赋予浦东新区改革开放新的重大任务，支持浦东勇于挑最重的担子、啃最硬的骨头，努力成为更高水平改革开放的开路先锋、全面建设社会主义现代化国家的排头兵、彰显"四个自信"的实践范例，更好向世界展示中国理念、中国精神、中国道路。《意见》赋予浦东五个战略定位——更高水平改革开放的开路先锋、自主创新发展的时代标杆、全球资源配置的功能高地、扩大国内需求的典范引领和现代城市治理的示范样板。在扩大国内需求的典范引领方面，《意见》强调要着力创造高品质产品和服务供给，不断提升专业化、品牌化、国际化水平，培育消费新模式新业态，引领带动国内消费升级需求，打造面向全球市场的新品首发地、引领消费潮流的风向标，建设国际消费中心。[1]

扩大国内需求的典范引领、建设国际消费中心，需要集聚全球消费资源、实现消费创新，形成强大的引领和带动作用，自贸试验区作为新时期要素集聚的核心平台和畅通国际国内双循环的重要节点，应当发挥重要作用。自2013年9月挂牌成立以来，上海自贸试验区作为全国首个自贸试验区，在对标国际高标准投资贸易体系、引进全球先进生产要素和在国内复制推广制度创新经验等方面发挥了重要作用。全国21个自贸试验区形成全方位、有梯度的开放格局，尽管其他自贸试验区发展势头强劲、后发优势明显，上海自贸试验区仍然是自贸试验区"雁阵"的"头雁"，有着明显的带动引领作用。《意见》提出浦东要打造扩大国内需求的典范引领这一战略定位，是在国内消费需求和消费结构升级大背景下，对浦东丰富国内消费市场的供给和扩大国际消费品引进能力的充分肯定，同时也是对上海自贸试验区参与全球消费市场竞争、配置全球消费要素的"主战场"地位寄予了厚望。作为国内大循环的战略支点、国内国际双循环的重要枢纽，上海自贸试验区在助力浦东打造扩大国内需求的典范引领、建设国际消费中心上大有可为。

---

[1]《中共中央 国务院关于支持浦东新区高水平改革开放打造社会主义现代化建设引领区的意见》，http://www.gov.cn/zhengce/2021-07/15/content_5625279.htm。

一、发挥保税功能集聚全球高端消费品

由于在海关通关便利和税收优惠（免税、保税、退税）等方面的优势，自贸试验区保税片区成为国际品牌进入中国市场的首选之地，"首发""首店"经济很大程度上得益于自贸试验区保税功能的发挥。在疫情导致消费回流的大背景下，上海自贸试验区保税片区成为"买全球"的重要中转枢纽，也是承接消费回流的重要载体，充分体现了自贸试验区作为国内国际双循环重要节点的作用。

以展示国内消费升级、引领国民生活品质提高的重要平台——上海进博会来说，进博会的会场是自贸试验区功能在空间上的延伸，展品的入关、展示和销售离不开自贸试验区平台的支撑。如展前为展品提供保税仓储、物流服务，展后展品回到保税物流中心进行保税延展，通过一系列环节的缩减和成本的降低，国内消费者能够常态化地购买到质优、价优的进口商品。再如，2021年在海南自贸港举办的首届国际消费品博览会，除境外展品享受免税政策外，展商还可享受离岛免税特殊通道。作为我国国家级贸易体系新成员，消博会同样也是借助了自贸港在税收和通关等方面的一系列优惠政策，才得以将各国消费精品集中、便利、低成本地在国内展示，满足国人对美好生活的期许。

除了展会平台外，"保税＋直播"模式也为全球新产品落地国内注入了新的动力。外高桥集团基于海外中小企业对进口贸易线上直播需求强烈的现状，搭建了外高桥海外优选商品直播基地，培育"进口贸易＋直播"这一新兴业态，使其在保税片区这一前沿地区进行孵化，进而形成可复制、可推广的经验，让海外优质商品更快速、更高效、更便捷地进入国内大众视野，提升消费层次，丰富消费体验。

为了更好地发挥保税片区全球新品"首发地"、全球精品"汇聚地"的作用，上海自贸试验区保税片区应围绕"保税"这一基本要素不断拓展新功能、新服务，持续挖掘保税区域这一"世界窗口"的潜能，集聚全球消费领域资源，打造全球消费品展示交易平台，让高端、前沿消费品成为区域内的新增长点，使更多更高端、更优质、性价比更高的消费品进入国人视线。

二、持续推进服务业扩大开放

从发达国家经济社会发展实践来看，居民消费结构升级经历了基本必需品—高级必需品—更高级精神产品的发展历程，其中，更高级精神产品主要由休闲、文化、娱乐、教育、医疗、保健等生活服务产品构成。高质量生活服务业是满足人民对美好生活的向往、增强获得感和幸福感的产业基础。然而，国内居民对高质量生活服务业的需求与国内有效供给不足形成鲜明对比，因而拓展国际优质生活服务产品进入国内渠道、缓解供需矛盾就显得非常重要。

在服务业扩大开放方面，上海自贸试验区是国内最早作出相关探索的主体之一。2013年上海自贸试验区挂牌成立时就明确了在金融服务、航运服务、商贸服务、专业服务、文化服务以及社会服务6个领域扩大开放，此后，上海自贸试验区服务业扩大开放不断提质扩容，开放领域和力度持续提升。上海自贸试验区服务业扩大开放的一个重要组成部分是生活服务业的开放，包括文化、旅游、教育和医疗等。发展高质量生活服务业是适应消费结构升级、建设国际消费中心城市的关键，上海自贸试验区在引进国际高端生活服务业生产要素、创新生活服务业业态和模式上作出了不懈的努力。

以医疗服务业为例，上海自贸试验区建设8年来，多家外资医疗机构以合资、合作或独资的形式进入上海，带动了上海医疗健康市场升级，加快了医疗体制改革创新的步伐，提升了医疗服务与保险要素的国际化水平，在满足国际化、高端化医疗需求，探索高层次、多元化的公共医疗服务格局方面发挥了重要作用。这些医疗机构不仅服务自贸试验区及浦东新区中外企业和中外患者，更能够以优质的医疗服务质量和亲民的价格服务上海、长三角甚至全国居民，将国外先进医疗技术及管理模式带到国内，让国内居民近距离享受国际化高品质医疗服务。

表 4-1 部分设在上海自贸试验区的外资医疗机构

名 称	地 点	性 质	业务范围	目标定位
上海和睦家金桥医院	金桥	中外合作	专科医院	向国内外高端人群提供国际标准的高端医疗服务
上海永远幸妇科医院	外高桥	外商独资	专科医院	借助集团多年来在世界各地医院的运营经验和全球性的优质医疗资源为中国患者服务
上海浦滨儿童医院	陆家嘴	中外合作	儿童综合性专科医院	满足上海国际化大都市多元化儿童健康服务新需求
上海阿特蒙医院	外高桥	中外合资	综合性医院	通过医保制度改革使高端医疗服务覆盖更多普通人群

设在自贸试验区的医疗机构在药品进口、医疗器械保税和外籍医生执业等方面具备明显优势。近年来，外高桥生物医药园源源不断地把全球最先进的医疗器械、进口药品、生物制品及保健品，安全、快捷地输送到国内。在制度上，药品上市许可持有人制度和医疗器械注册人制度在自贸试验区的创新，实现了产品注册和生产许可的"松绑"，让创新成果的上市更加快捷简便。

再以文化服务业为例，上海自贸试验区为全球优秀文化要素和产业进入国内开启了一扇便捷的大门，将前沿、高端、优质的文化资源引入国内，为国内居民送上文化盛宴，带来多元文化的交流与碰撞，成为国内文化产业和公共文化服务体系的重要补充。上海自贸试验区保税片区已成为全国最快捷高效的艺术品进出境枢纽，最快 4 小时便可实现极速通关。上海自贸试验区保税片区的文化贸易额 7 年增长了 69 倍，达到 350 亿元。经由自贸试验区操作的进境艺术品（含文物）4400 余件 / 套，占全市近 6 成；其中文物从 2016 年 61 件增至 2020 年 1930 件 / 套，占全市 4 成，在全国自贸试验区中居首位。通过文化贸易制度的不断创新，上海自贸试验区为文化艺术品进入国内提供专业仓储、展览展示、交易洽购、评估鉴定和金融服务等一揽子解决方案，致力于打造全球文化艺术品的交流互通平台，让艺术品通关更便捷、展示更高效、交易更流畅。[1]

未来，上海自贸试验区要进一步缩减外商投资负面清单，持续提升服务业扩大开放的范围和力度，引入更多全球各类优质文化、教育和医疗资源，打造全球生活服务业要素资源配置的功能高地。同时，更好地发挥扩大开放先行先试的作用，及时总结推广经验，让上海自贸试验区的制度创新种子在全国其他地区落地生根，让更多国人不出国门就能享受优质国际教育、文化和医疗资源。

三、丰富贸易新业态

近年来，在互联网、大数据、人工智能等新技术的带动下，外贸新业态、新模式不断涌现，数字化、网络化、智能化特征更加明显。特别是在疫情导致传统外贸行业交易受阻的情况下，便捷化的跨境电商正在重塑海内外企业及消费者习惯。2020年，跨境电商进出口增长31.1%，2021年上半年，跨境电商进出口增长28.6%，充分凸显了其突破时空限制、低成本、高效率的独特优势。[2]跨境电商已经成为外贸发展的新动能、转型升级的新渠道和高质量发展的新抓手，对扩大国内需求的典范引领、建设国际消费中心起到非常积极的作用。

其实，早在上海自贸试验区成立之初，跨境电商就是一个重要的发展方向。作为全国第一个保税区、第一个保税物流园区、第一个自由贸易试验区核心区域，以及上海建设国际贸易中心的核心功能区，外高桥依托便捷优越

---

[1]《上海自贸区将打造全球文化艺术品集散地》，https://baijiahao.baidu.com/s?id=1706447659411254104&wfr=spider&for=pc。

[2]《我国跨境电商增势迅猛》，http://www.gov.cn/xinwen/2021-10/15/content_5642711.htm。

的区位优势、海关特殊监管区域的政策优势和自贸试验区先行先试优势，于2013年在国内率先启动跨境电商试点。全国首个经政府审批的跨境电商平台——跨境通也在2013年正式运行，迈出了探索跨境电商的步伐。经过近8年的发展，随着制度监管创新和消费升级，上海自贸试验区跨境电商已经进入了一个较为成熟的发展阶段，形成比较完善的跨境电商生态链。2020年上半年，上海自贸试验区保税区域的跨境电商业务实现跨越式发展，交易额达到22.1亿元，同比增长58.2%，占全市比重提升至57.1%。[1]

从交易主体上来看，跨境电商分为企业对企业（B2B）和跨境电商零售（B2C）两种，以跨境电商B2B为例，这种贸易模式是境内外企业通过跨境电商平台和跨境物流完成交易的一种形式。相比一般传统贸易，跨境电商B2B只需随附舱单、物流单，且可享受海关优先查验、自动比对、一体通关、便利退货等措施。[2] 2021年7月1日起，海关总署在全国海关复制推广跨境电商B2B出口监管，助力企业更好地开拓国际市场。相对于跨境电商B2B，跨境电商零售则更直接地将消费者与全球市场连通起来。2020年全球货物贸易总额下降5.3%，但全球B2C跨境电商贸易总额不降反升，预计将从2019年7800亿美元增加至2026年的4.8万亿美元，复合增长率高达27%。[3] 在全球10大B2C跨境电商平台中，阿里巴巴等三家中国平台已经分别占据第1、第3和第7的位置（含国内市场交易总额）。

未来，随着全球物流、支付、贸易便利化条件持续改善，全球数字化进程加速，跨境电商有望迎来更大发展机遇。上海自贸试验区航线资源丰富，跨境电商贸易体量庞大，在利用跨境电商进行"规模化卖全球、买全

---

[1]《上海自贸区保税区：上半年跨境电商交易额同比增长58.2%》，https://baijiahao.baidu.com/s?id=1678073017344154593&wfr=spider&for=pc。

[2]《规模化"卖全球"上海海关今启动跨境电商B2B出口试点》，https://baijiahao.baidu.com/s?id=1676630922179280272&wfr=spider&for=pc。

[3]《全球B2C跨境电商发展迅猛》，https://baijiahao.baidu.com/s?id=1704399393505659149&wfr=spider&for=pc。

球"方面有着天然优势,仅浦东机场就有107家航空公司开展业务,航线覆盖51个国家和地区的137个境外站点,上海海关在浦东机场年监管快件量达1.65亿票,占全国总量一半。作为中国国际快件重要口岸,2020年9月,浦东国际机场海关开启"跨境电商B2B出口",2021年实现对出口跨境电商审核放行全程电子化,符合条件的出口快件货实现"秒放"。[1]今后要在进一步提高通关效率、完善跨境电商基础设施(物流渠道、海外仓等)和培育跨境电商生态系统等方面继续探索,打通难点痛点堵点,让跨境电商能够更好地为海内外企业、消费者服务,助力浦东打造扩大国内需求的典范引领。

除了发展跨境电商外,上海自贸试验区还要积极对标全球重要自贸区、自贸港做法,不断创新贸易新业态与扩大内需、建设国际消费中心的结合点,如探索跨境易货贸易。跨境易货贸易是指在换货的基础上,把等值的出口货物和进口货物直接结合起来的贸易方式。跨境易货贸易是对外贸易的重要组成部分,2020年国际易货交易额高达8972.863亿元。[2]跨境易货贸易可以有效地化解产能过剩,同时能够规避由于货币结算(通常是美元结算)引起的政治风险和汇率变化问题引起的经济风险与贸易摩擦。此外,跨境易货贸易也是扩大内需、促进消费升级的重要途径,将全球优质产品加速推向国内,有助于释放多元消费潜力,加快推动消费提质扩容和消费结构升级。以自贸试验区为载体发展跨境易货贸易,汇集有易货需求的中外企业资源,整合本土企业产品链和保税区域、海外仓等全球供应链服务体系,协同物流企业、金融机构,探索创新海关监管、关税征收新模式,打造面向全球的供应链易货交易服务平台。

---

[1]《浦东机场6月份跨境电商出口已恢复至去年同期水平》,https://baijiahao.baidu.com/s?id=1736696063712228444&wfr=spider&for=pc。
[2]《重视并发挥新易货贸易在农村流通中的积极作用》,https://baijiahao.baidu.com/s?id=1719432251596741518&wfr=spider&for=pc。

四、进一步打通内销环节

"一线放开、二线管住"是自贸试验区最关键的海关监管制度,"一线放开"是指境外货物可以不受海关监管自由出入自贸区域;"二线管住"是指货物从自贸试验区出入境内区外视作进出口,需征收相应的税收。"一线放开、二线管住"是自贸试验区一项基本的制度安排,但在加快构建以国内大循环为主体、国内国际双循环相互促进的新发展格局背景下,国内需求潜力不断释放,国内大循环主体地位持续凸显,"二线管住"需要进行全新定义。

2021年7月,海南洋浦港出台措施,洋浦保税港区的企业使用保税进口料件,只要加工增加值达到或超过30%,在国内(包括岛内)市场销售时,就视同内贸交易,不征收进口关税。[1]内销免关税政策有利于用好国内国际两种资源,发挥国内国际两个市场的重要连接点作用,是打造国内国际双循环战略链接、实现国内需求和全球供给有效对接的重要抓手。以一台进口电动汽车为例,洋浦保税港区内的汽车生产企业从国外以保税方式进口汽车零配件,在保税港区进行整车总装,通过装配、检测等工序,使整车相对于零配件的价值提升超过30%,此时,生产出来的整车内销将适用加工增值免关税政策,该整车出区内销(销往省内其他地方或者是内地)不再需要缴纳进口关税。因此,通过这种途径,国内消费者可以买到更加便宜的免关税汽车。[2]

目前,由于海南自贸港的特殊政策定位,加工增值货物内销免关税政策很难在其他区域复制,但是上海自贸试验区围绕"二线高效管住"可以有更多的制度创新,比如简化进出区管理,对不涉及关税和贸易管制的货物,通

---

[1]《海南洋浦保税港区加工增值货物内销免征关税》,https://baijiahao.baidu.com/s?id=1705392204335486246&wfr=spider&for=pc。

[2]《海南自贸港这一重要政策免征关税超亿元》,https://baijiahao.baidu.com/s?id=1729009750769697379&wfr=spider&for=pc。

过现有的数据联网、智能化卡口等手段进行分类管理，由企业自主选择申报方式入区，海关实施后续监管。再如，推行增值税一般纳税人资格试点，解决区内区外税负"倒挂"问题，增强区内企业统筹国际国内两个市场两种资源的能力，推动加工贸易转型升级，促进贸易便利化。

在简化特殊物品二线出区进口流程上，苏州自贸试验区片区的做法可以借鉴。苏州以生物医药产业为"一号产业"，针对区内生物医药类制造、贸易、研发企业风险低、品种多、批次多、批量小、单价高、对通关时效要求高的特点，苏州海关优化了海关特殊监管区域二线出区进口的特殊物品监管程序，即对于从海关特殊监管区域进入境内区外的特殊物品不再实施卫生检疫审批，使综合保税区的生物医药类产品内销更加便利，同时也有利于企业打通国内国外两个市场，促进生物医药类企业保税研发等新兴业态集聚发展。[1]

第四节 以新模式应对新变化，推动浦东高水平利用外资

近年来，世界步入百年未有之大变局，全球价值链分工网络持续调整，国际政治形势阴晴不定，加之新冠疫情蔓延不止，世界经济格局面临深刻变革，也给中国对外开放和外资发展带来巨大挑战。做好"六稳"工作，落实"六保"任务成为一段时期内经济工作的重中之重，立足国内大循环、畅通国内国际双循环成为推动大国发展的战略之举。浦东作为典型的外向型区域，外资、外贸和外企在浦东经济的高速增长与高质量发展中一直发挥着重要作用。在中央赋予浦东社会主义现代化建设引领区新定位之际，浦东要成为更高水平改革开放的开路先锋，就必须率先精准识别全球经济体系的新变化，率先构建外资招引新模式，走出一条具有引领价值的外资发展新路径。

---

[1]《苏州自贸片区"破界"创新助推一号产业发展》，http://www.sipac.gov.cn/szgyyq/zmjxs/202106/9c33aa2e2a1e4f41b9eb2be00f7aef9d.shtml。

一、浦东利用外资出现五大机制变化

经过 30 余年快速发展，浦东已成为上海利用外资的高地、中国外向度最高的区域之一。据统计：2021 年前 10 个月，浦东实到外资达 89.5 亿美元，同比增长 13.8%，全市占比高达 45.8%；新增跨国公司地区总部 25 家，累计跨国公司地区总部 384 家，全市占比为 46.7%，近半壁江山。虽然浦东吸引外资长期向好的态势没有逆转，但要在新形势下实现更大幅度的跃升，则需要从跨国公司全球战略、跨境投资模式、投资区位选择、外资企业性质、浦东开放引领功能等多维度出发，系统梳理背后的规律性变化。

（一）跨国公司全球战略由高速扩张向相对审慎转变

跨国公司的全球布局是上一轮经济全球化的关键表征和核心驱动，形成诸多能量巨大的"公司帝国"。在疫情和技术等短期与深层因素的影响下，跨国公司的扩张出现了值得注意的变化，规模、力度和方式都与过去二三十年大不相同。

一方面，疫情降低跨国公司盈利预期，短期新宣布绿地投资、兼并收购活动放缓。疫情持续影响之下，能源、基础材料等传统外商直接投资主要行业，汽车、旅游、航空等消费周期性行业所受冲击最大，跨国公司利润再投资规模受到负面冲击。市场不确定性增加、短期人员流动受限等多重因素也导致新宣布绿地投资、跨境并购活动放缓，但由于绿地投资与并购活动代表跨国公司对海外市场的长期承诺，可以预见在疫情有效控制后，全球跨国投资并购活动将迎来新一轮增长，疫情对外商直接投资的长远影响相对有限。

另一方面，跨国公司新兴产业布局相对谨慎，跨界融合、跨境并购成为重要方式。人工智能和生物医药等新兴产业是传统行业跨国公司加快产业转型、互联网跨国公司积极布局的热点领域。以生物医药行业为例，新药研发周期长，前期投资大，随着越来越多重点药物专利即将到期，大型跨国医药巨头纷纷锚定掌握新专利和产品的新兴研发型药企。但由于发展中国家外商直接投资（FDI）主要由绿地投资和利润再投资驱动，跨国公司全球战略的改变将对浦东进一步扩大利用外资规模带来一定压力。

（二）跨国公司投资模式向轻资产化、多元化方向转变

数字技术驱动着服务与制造深度融合，数字跨国公司迅速崛起，改变了既有的基于制造业的全球产业分工网络。跨国公司投资模式的逐步演变对全球跨境投资的推动与抑制效应相互交织，给浦东利用外资带来复杂影响。

第一，跨国公司跨境投资呈现轻资产化趋势。近年来，全球外商直接投资的主要领域从以传统制造业为主，逐步拓展到高端制造业和人工智能、云计算等新经济领域。信息技术改变了以制造业为基础的全球产业分工体系，跨国公司纷纷调整全球战略，将核心资源集中于高附加值的核心环节。一方面，模块化生产模式日益流行，外包管理技术逐渐成熟，跨国公司通过信息技术、知识流程、商业流程等环节的外包，集中力量构筑核心竞争优势，从而减少了对外投资的需求。另一方面，信息技术的飞速发展使跨国公司能够通过数字化工具达到服务海外市场的目的，从而减少了部分海外企业市场寻求型的跨境投资行为。《2017年世界投资报告：投资和数字经济》显示，数字跨国企业只有40%的资产位于国外，但其70%的销售额都来自海外，相比之下，传统跨国企业的比率分别为65%和64%。

第二，投资模式多元化部分替代传统绿地投资。一是非股权投资应用日益增多。相较传统的股权投资，非股权投资资金投入较小，风险较低，与本地公司的安排上更具灵活性，逐渐发展为跨国公司海外扩张的重要方式。随着信息技术的深入发展，非股权投资的形式也由加工贸易、合约制造逐渐向服务外包、特许经营等形式拓展。非股权模式的国际生产增速逐渐超越海外直接投资增速，特许权使用费、许可费等无形资产在跨国投资中愈发广泛地运用。[1] 二是跨境交付部分取代服务业跨境投资。数字技术进一步提高了

---

[1]《2019全球海外直接投资回顾：投资步伐放缓，跨国并购大幅缩减》，https://www.sohu.com/a/396385324_120325604?scm=1002.44003c.fe01b4.PC_ARTICLE_REC。

服务产品的贸易性，推动跨境交付进一步向计算机和信息服务之外的领域拓展，跨境交付类服务贸易持续快速增长。

（三）跨国公司区位选择由完全市场化向半市场化转变

以跨国公司为核心驱动的经济全球化，本质是生产要素在世界范围的最优化配置，各国秉持各自禀赋特点融入其中。随着大国竞争加剧、地缘政治风险上升，以及疫情大流行等多重因素交错叠加，跨国公司对外直接投资的区位选择由完全的市场化行为向半市场化行为转变，这将深刻影响跨国公司在浦东的战略定位及投资行为。

一方面，"国家安全"等非市场因素和政治干预正在重构跨国公司的生产力布局逻辑。虽然开放优势仍是浦东吸收外资的锚定因素，但是增强供应链抗风险能力的考虑，以及来自母国的国家安全等政治压力，将改变跨国公司对华投资策略。社会成本或综合成本将代替传统的生产成本，成为全球产业体系重构的关键标准之一。"中国＋1"的全球布局策略，可能导致跨国公司削减在浦东的利润再投资规模，影响跨国公司总部机构的辐射能级。

另一方面，区域性投资贸易协定对浦东吸收外资产生一定转移效应。经济全球化正呈现出强烈的区域化特征，区域或双边自贸协定成为投资贸易规则制定新平台，发达经济体主导的区域性贸易协定关于原产地规则、国有企业、非市场经济国家、竞争中立等或多或少指向中国的特殊规定，限制了缔约方跨国公司的对华投资贸易行为，这些条款在一定程度上对浦东吸收外资产生一定的转移效应。

（四）外资企业之于浦东的重要性由工具型向要素型转变

随着浦东经济发展动能加速转换，外资企业之于浦东的重要性由支撑经济高速增长的重要动力，向实现经济高质量发展的重要组成部分转变，外资企业之于浦东的战略内涵也相应地由工具型向要素型转变。

一方面，外资企业作用机制由竞争效应、外溢效应向产业关联效应、示范效应转变。随着发达国家在研发领域税收激励政策的改变，以及严格的要素流动限制,"以市场换技术"或借助外商直接投资外溢效应实现技术升级的招商引资思路已不符合我国当前高水平制度型开放的要求。外资企业对浦东的外溢效应、竞争效应相对弱化,对经济增长的作用机制主要是通过产业关联效应和示范效应,带动先进制造业、现代服务业及其他相关产业协同发展。

另一方面,高品质环境供给成为要素集聚的重要土壤。外商直接投资作为一种"要素包裹",对环境的需求是多层次的。营商环境的内涵由开办企业、获得电力、办理施工许可、登记财产、跨境贸易、纳税等制度层面向人才服务、国际教育、国际医疗等高品质环境供给拓展。生产与生活要素高度融合的高品质环境供给成为高能级要素集聚的重要土壤。

(五)浦东开放引领功能由单向引领向双向赋能转变

相较于改革开放之初或浦东开发开放之时,区域开放发展遵循的是增长极逻辑,即通过国内政策倾斜、资源虹吸,叠加国外要素集聚承载,迅速扩充特定区域的经济和产业规模,这是后发国家通常采用的不平衡发展战略。随着中国进入以城市群为主体的区域发展新阶段,全方位、多层次、宽领域的对外开放新格局也逐渐形成,浦东在长三角区域中的作用也从单向辐射带动,转变为基于禀赋优势的双向赋能。

一方面,从长三角层面来看,浦东与周边区域同城效应显现,利用外资形成有序竞争局面。在过去几十年中,浦东凭借巨大的改革红利,充分发挥了其在利用外资方面的引领功能,"总部在浦东,建厂在周边"成为众多跨国公司在长三角乃至中国布局的不二选择。随着周边区域的飞速发展,以及长三角自贸网络的形成,浦东与周边区域在开放政策、资源禀赋和技术能力等方面差距逐渐缩小,同城效应逐步显现,周边区域外资利用的竞争力快速提高。浦东在区域高质量一体化发展中的作用进一步凸显为全球资源配置、科技创新策源、高端产业引领、开放枢纽门户等方面的功能。

另一方面,从全国层面来看,以省会城市为核心的次一级城市群成为外资集聚新空间。由于发达国家跨国公司在华后期普遍面临着市场竞争加剧、用户要求提高、生产成本增加、性能优势下降等问题,加速向细分市场、低级市场扩张成为跨国公司在华扩张的重要方向。部分跨国公司围绕不同消费群体的地域分布,在中国市场内部进行差异化布局,可能会剥离或重组其在浦东的研发、生产、服务等细分业务,使其逐步向二、三线城市下沉,由此对浦东吸收外资产生一定的分流效应。

二、以"六大抓手"强化浦东外资引进

在以国内大循环为主体,国内国际双循环相互促进的新发展格局下,浦东利用外资工作应立足社会主义现代化建设引领区新定位,把握科技和产业变革新趋势、跨境资本流动新特征,深入推进高水平制度型开放,坚持稳中求进总基调,以场景招商、功能招商、产业链招商、协同招商、品牌招商、"窗口期"招商六大抓手为着力点,推动浦东高质量利用外资迈上新征程。

(一)场景招商

随着5G应用加速向行业端渗透,浦东人工智能产业迎来巨大发展机遇,人工智能资源集聚效应显著。同时,作为上海"五个中心"核心区,浦东在金融、制造、交通、医疗及公共服务等方面形成全方位、多层次、高质量的人工智能应用场景。人工智能技术与应用场景的深度融合为企业乃至城市的数字化转型提供良好的产业生态,也催生对技术赋能企业与多元化应用场景的迫切需求。在新一轮科技革命飞速发展的背景下,浦东应充分发挥在智慧城市、智慧生产、科技金融等方面的资源优势,依托"一江一岛"人工智能应用场景空间载体,放大品牌效应,引导既有外资企业扩大利润再投资规模加速数字化转型,并吸引更多国外技术赋能企业入驻浦东。

(二)功能招商

功能是浦东区别于市内和国内其他地区的关键之处,以"四大功能"为核心的功能体系是浦东真正竞争力所在,也是浦东广泛集聚国内外要素、推

动外资发展的不可复制的战略抓手。大数据、云计算、人工智能等技术不仅深刻改变传统产业模式与商业模式,而且也深刻改变企业的成长路径。传统大型跨国企业急需借助功能性平台实现数智化转型,大量初创企业急需借助功能性载体实现风险成本共担。新形势下,打造新型研发平台等功能性载体,全面释放功能效应,对高质量利用外资尤为重要。浦东已基本建成从开发区到要素配置平台再到创新孵化机构的多层次全方位功能载体。未来,一方面,要进一步做强浦东功能载体高度集聚的显著优势,充分发挥在企业准入、财政税收、外贸出口、技术创新、土地规划、人才引进等方面的政策扶持,另一方面,要进一步加强对国外功能性企业的引入,通过功能性企业吸引国内外更多优质项目和团队入驻浦东。

（三）产业链招商

当前全球产业的竞争态势已由跨国公司总部面对无数分散供应商的格局转化为集群对集群的竞争,[1]通过产业链招商,打造具有核心竞争力的产业集群,提高本土企业对产业链关键环节、核心技术的掌控力,不仅是吸引国外先进要素集聚的重要优势,也是增强区域产业链安全性稳定性的重要保障。目前,浦东已形成涵盖电子信息、汽车制造、航空航天、生物医药、金融贸易等多个产业集群,但仍缺乏一批对产业链核心环节、关键技术具有较强掌控力的企业,构建以招商引资为目的的产业链全景图,通过链式招商强链固链补链,打造具有世界影响力的先进产业集群是浦东未来招商引资的重要方向。

（四）协同招商

在新一轮科技革命飞速发展的背景下,衡量企业是否具有国际竞争力的标准更加多元化,招商引资的目标企业不仅仅包括产业头部企业,也包括众多行业隐形冠军以及极具爆发潜力的瞪羚企业。因此,拓展招商引资"朋友

---

[1] 刘志彪:《新冠肺炎疫情下经济全球化的新趋势与全球产业链集群重构》,《江苏社会科学》2020年第4期。

圈",以协同招商为着力点搭建全方位招商体系才能提高招商精准性。一方面,充分发挥浦东在长三角一体化发展中的龙头辐射作用,加强区域间在产业政策、产业标准、数据资源等方面的协同共享,在招商引资过程中形成有序竞争、功能互补的局面,增强区域整体竞争力。另一方面,充分发挥政府、市场、社会等多元主体积极性。用好政府平台招商,充分承接进博会、工博会外溢效应,发挥"主场优势"办好招商推介活动,有效扩大项目储备。用活市场主体与社会力量,开展专业机构招商、以商招商,调动多方积极性,面向不同主题增强精准招商可触达性。

(五)品牌招商

开发开放的显著标识是浦东吸引全球企业来此创新创业的宝贵品牌资源,高水平对外开放的品牌效应与高能级跨国公司入驻浦东的示范效应双向赋能,在浦东利用外资过程中形成强大的虹吸效应。以上海自贸试验区以及临港新片区两大平台为依托,加大制度创新与改革系统集成外宣力度,用好用足浦东对外开放的金字招牌,对浦东在激烈的区域竞争中脱颖而出至关重要。一方面,做优做强浦东原有四大国家级开发区,以"全球营运商计划"(GOP)为起点,主动谋划一系列品牌招商活动,放大集中签约效能,培育高水平产业集群。另一方面,抓住世界人工智能大会、世界顶尖科学家论坛等高能级会议相继在浦东举办的重要契机,利用此类高能级会议的外溢效应、流量效应,导入一批世界级顶尖基础科研战略资源入驻浦东,推介一批专业性与综合性应用场景,吸引全球科技精英与顶级企业来浦东投资创业。

(六)"窗口期"招商

浦东社会主义现代化建设引领区的定位,为浦东在利用外资方面提供了宝贵的制度创新"窗口期"。自上海自贸试验区成立以来,浦东在"证照分离""一业一证"等多个领域率先改革并取得重大突破,以浦东速度在制度创新与开放试验上领跑全国。上海自贸试验区和临港新片区两大国家战略赋予浦东较大的改革创新主动权,在对外开放与深化改革上形成显著的先发优势。这一先发优势使浦东在制度创新与复制推广的动态演进中获得先行一步的宝贵"窗口期"。充分利用制度创新时间差，将制度创新势能充分转化为招商引资动能，在实行更大程度的压力测试过程中进一步提高利用外资的规模质量。

三、新形势下浦东更好利用外资的举措建议

（一）持续提升对外开放水平

一是积极推进重点领域开放，加速首创性项目落地。充分把握服务业尤其是金融业扩大开放机遇，争取在增值电信、教育、医疗、法律服务等领域提前开放、率先开放；争取在教育培训、医疗服务等更多已突破的领域由点及面，扩大集聚，形成规模；加快跨境金融、离岸贸易等业务创新；探索允许外资参与投资自贸试验区内技术等要素市场；以国际消费中心建设为契机，加快"新品首发地"建设，吸引具有国际影响力的零售商与采购商入驻浦东。

二是对标国际通行规则，率先探索向规则制度型开放转变。一方面，对标国际高水平投资贸易协定，加大开放压力测试。在外商投资负面清单、国际贸易"单一窗口"等一批基础性和核心制度创新的基础上，以临港新片区为契机，积极争取新一轮政策制度创新突破，加快在离岸集聚中心建设、跨境数据开放、跨境金融管理等领域加大开放压力测试力度。另一方面，率先制定数据交易、安全的地方性法规。浦东应充分依托数字经济方面的丰富应用场景，率先探索制定关于数据共享、数据权、数据交易以及数据定价的地方性法规，打造知识产权保护高地。

三是优化区域开放功能布局，提升园区品牌显示度。进一步优化对外开放空间布局，依托陆家嘴、金桥、张江、外高桥、临港新片区等高能级产业园区，打造一批特色鲜明、功能错位、相对集聚的对外开放空间载体，形成生态链强大吸附力。比如，支持世博地区打造国际组织（机构）首位集聚

区，通过国际组织（机构）引进跨国公司；依托"张江在线"生态园聚力在线新经济硬核技术攻关，凸显在线新经济集聚度与显示度。

（二）完善利用外资体制机制

一是优化投资管理机制，提升投资便利化水平。借鉴新加坡"整体政府"模式，围绕"高效办成一件事"，针对重大项目准入、政策标准、土地开发等区级事项，形成一揽子政策支持包，不断完善"以往同伴""涉外服务专窗"功能，提升外资准入透明度、可预期性。建立健全备案制，进一步缩减外商投资负面管理制度禁止和限制条款。探索实行以过程监管为重点的投资便利制度。

二是打破外资企业准入不准营的软束缚。外资企业准入不准营的现象仍然较为普遍，尤其在高端服务业领域。不准营的制约不仅包括制度层面的硬性制约，而且也包括行业生态与国际通行规则不相符的软束缚。因此，要打破准入不准营的软束缚，必须坚持开放与改革齐头并进。通过排摸外商投资企业在本土化营运过程中存在的障碍，及时推进浦东在监管政策、地方法规等方面的协同改革。

三是鼓励外商投资企业在浦东设立研发中心。浦东可争取率先降低外资研发中心享受优惠政策的门槛，降低外资研发中心专职研究与试验发展人员数量要求，在符合一定条件的情况下，落实外资研发中心享受的财政补贴、金融支持和税收优惠，鼓励外国投资者在浦东设立研发中心并进一步升级为全球研发中心。

（三）加强招商引资促进力度

一是构建"大招商"工作机制。准确把握区级统筹与招商力量下沉之间的辩证统一关系。建立全区"大招商"联席会议制度，联席会议由相关领导召集并主持，各成员单位主要负责人为会议成员。联席会议负责谋划拟定全区招商方向及重点，统筹指挥、协调推进全区投资促进及招商引资工作，研究协调解决引进和重点培育项目过程中遇到的重大问题。通过"大招商"工作机制,构建"大招商"平台,形成全方位、多渠道的全员引资局面。

二是搭建全方位立体式招商网络。建立"全球经贸合作伙伴城市"网络体系。充分吸纳社会化、市场化招商力量,综合运用市场化手段创新招商引资方式。鼓励本地各类企业、金融机构、咨询服务机构等市场主体,开展"以商招商""资本招商""专业机构招商",与境内外非政府经济组织、社会团体、各类商协会保持紧密联系,借助社会组织力量,加大招商引资宣传推介力度。

三是创新招商模式手段。以全球运营商计划(GOP)为重要抓手,培育一批在贸易、投资、供应链及研发等方面可以汇聚和配置全球资源的优质企业。兼顾疫情防控和对外经贸合作,探索"互联网+招商""云招商"等新模式,打造线上线下一体化全流程服务体系。借鉴西欧"空客"模式,支持浦东有条件企业与国外企业以双向直接投资和交叉持股等方式开展产业合作,共建产业园,培育招商资源。

(四)打造最优营商环境

一是优化营商环境法治保障体系。深入落实《外商投资法》与《上海市外商投资条例》,研究制定浦东优化营商环境办法,系统总结并巩固浦东持续优化营商环境系列举措。严格对与外商投资企业经营活动密切相关的规章与规范性文件的立、改、废、释工作流程,确保政策的稳定性与连续性。探索构建以市场和企业需求为导向的法治化营商环境评估体系,定期发布法治化营商环境评估报告。

二是优化疫情防控常态化外资服务体系。加强对企业"一对一"式的精准服务,同时向前置服务、跟踪服务拓展;营造内外资企业公平竞争的市场环境,注重内外资企业在纾困、信贷、人才等扶持政策上的公平落实;关注跨境人才全方位需求。优化疫情防控常态化下的外国人来华工作许可、居留许可审批流程;提高科技创新人才激励机制;提升海外人才医疗、保险、教育等保障水平,对标其他自贸区高水平开放举措,探索区内医院与国际保险实时结算试点与商业健康保险跨境结算试点。

三是加大知识产权保护和运营力度。提升中国（浦东）知识产权保护中心服务水平，打造知识产权服务品牌，加大知识产权损害赔偿力度。探索开展风险补贴和知识产权证券化，为企业提供知识产权质押登记全流程服务。加快推进知识产权运营引导基金运作，构建产业专利池，建立产业知识产权联盟。

（五）加强区域协调，拓展利用外资新空间

一是打造"上海都市圈、浦东功能区"，打破吸引外资同质化竞争瓶颈。浦东在积极参与长三角一体化发展过程中，应充分发挥浦东在全球资源配置、科技创新策源、高端产业引领、开放枢纽门户功能，打造链接对内对外开放两大扇面的功能高地，进一步增强与周边区域的错位竞争优势。区级商务部门加强对产业链协同招商的统筹引导，完善产业对接转移机制，充分发挥市场主体在"长三角一体化"中的积极性，提升区域产业链安全性、稳定性，实现浦东与周边区域在利用外资上的错位竞争、互补合作。

二是充分发挥"一带一路"桥头堡作用，以"走出去"带动"引进来"。一方面，加大境外合作园区培育力度，与境外园区开展合作，支持区内国家级经济技术开发区在海外设立招商中心，加快优质项目引进来。另一方面，探索优化涉外资金返程投资审批流程，通过设立返程投资企业名录、开辟涉外资金进入绿色通道、简化审批流程，推动符合政策的返程投资快速落地。

（六）完善区域产业生态

一是借鉴平台思维，打通区域内部"微循环"。疫情背景下，互联网经济与实体经济融合发展态势进一步增强，混业经营、融合发展成为产业发展的重要趋势，一些科技公司兼具创新孵化、风险投资等功能。政府或行业协会等社会组织可充分利用信息优势，充分发挥平台功能，打破市场主体间信息壁垒，为投资意愿较强的外资企业发掘潜力较大的孵化项目或急需资金的创新型小微企业，充分利用外资构建区内良好的产业生态。

二是注重新型基础设施建设，培育产业协同创新生态。一方面，加大"硬"基础设施建设。严格区分新基建项目中投资领域的经济属性，创新政企协同模式，实施精准高效建设。完善信息基础设施建设，强化融合基础设施建设，加快创新基础设施建设，比如提前谋划智能网联汽车开放道路测试建设，加大科技数据共享系统、试验基地协作系统等公共研发平台建设。另一方面，着力"软"基础设施建设。积极争取在数据要素的准入规则、标准体系、安全监管等方面先行先试，创新公共研发平台建设与运行制度。以新基建为着力点，增强区域产业循环拉动效应，厚植产业协同创新土壤，提升区域产业竞争力。

第五章

以人民为中心,开创人民城市建设新格局

第一节 重塑城市与养老的关系——对浦东养老发展的再思考

一、城市"创造老年美好生活"的主要优势

城市是什么?在格莱泽眼里,城市是人类最伟大的发明与最美好的希望。[1] 芒福德则认为,城市应当是一个爱的器官,而城市最好的经济模式应是关怀人和陶冶人。[2] 从这个意义上讲,城市应该而且能够关爱老年人、适应老龄社会。整体而言,城市能够与人口老龄化共存共荣、创造美好老年生活的优势主要体现为五大方面,下面以致力于建设"卓越的全球城市"的上海为例阐述。

(一)城市是要素的集聚体

城市是各类要素集聚之地。全球城市通常具有最大规模的物流、人流、资金流、服务流、信息流、技术流等,具有跨地域、超国界的全球资源配置能力。养老的大发展离不开多重要素的集中注入,城市特别是全球城市更能为养老提供全方位的要素支撑,这种支撑既体现在本地层面,也往往超越地域局限,推动更大范围内的老龄产业发展。

---

[1] [美]爱德华·格莱泽:《城市的胜利》,刘润泉译,上海社会科学院出版社2012年版。
[2] [美]刘易斯·芒福德:《城市发展史——起源、演变和前景》,宋俊岭等译,中国建筑工业出版社2008年版。

(二) 城市是创新的策源地

创新在城市功能序列中的地位日益提升，创新活动也日益汇聚于城市空间内。理念的更新，技术和模式的发明与跨界融合，将有力营造养老事业和产业更大的想象空间，有利于养老效率的持续提升。得益于信息技术和数据技术的进步，近年来信息化正从流程、方式等多个维度重塑着养老事业。同时，沙森大城市老龄群体构成的复杂性和多元性，能从需求层面更好地激发养老领域的创新。

(三) 现代城市群、都市圈的发展趋势

当代城市发展已超越单个发展的层次，城市群、都市圈正赋予城市发展新的未来。《国家新型城镇化规划（2014—2020年）》指出，要"优化城镇化空间布局和城镇规模结构，在《全国主体功能区规划》确定的城镇化地区，按照统筹规划、合理布局、分工协作、以大带小的原则，发展集聚效率高、辐射作用大、城镇体系优、功能互补强的城市群"。城市群和都市圈，或者如沙森所言的全球城市区域赋予了中心城市功能在更大空间疏解和配置的可能性。[1] 更大的地理空间则能更有效地应对养老难题的挑战，同时群内和圈内的中小城市也能受益于中心城市在养老理念、模式、技术等方面的辐射与外溢。

(四) 总部机构、行协会组织密集

大城市尤其是全球城市有利于养老行业巨头、功能性机构的集中，同时全球城市更为发达的全球交流网络和更为便利的通达条件，能够促进展览、论坛、发布会等活动的开展，从而推动养老行业的交流和共同提升。

(五) 发达的分工和充分的就业机会

城市特别是大城市，有着更发达细致的分工和更充分的就业机会，分工体系的演进和新就业岗位的创造也更为迅速和频繁，这就意味着更大的就业

---

[1] [美] 丝奇雅·沙森：《全球城市——纽约、伦敦、东京》，周振华等译，上海社会科学院出版社2005年版。

空间，从而有利于继续发挥和重新激活老年人的生产性要素，满足部分老年群体延续职业生命的愿望，部分减轻社会养老压力。

二、城市与养老的十大关系——基于浦东的思考

上海是中国的经济中心城市，已确立未来比肩纽约、伦敦、东京的"卓越的全球城市"愿景，同时，上海也是国内最早步入人口老龄化阶段的区域，应对老龄化和养老议题长达三十余年。浦东则是上海核心功能区，承载了上海超过五分之一的人口（22.8%，据"七普"数据）。在这样一个典型区域讨论城市与养老的关系，具有重要的价值。聚焦养老的对象、内容、方式、主体等十个方面，正确处理好十大关系，将能推动城市更好地适应老龄社会，实现城市化与老龄化的良性融合发展，打造"大城养老"的浦东样板。

（一）户籍人口与常住人口的关系

在中国，基本公共服务的对象是个敏感而又具有争议性的议题。

基本公共服务不同领域对常住人口的覆盖程度不一，但整体上仍以户籍人口为主，在养老领域体现得尤为明显。养老公共服务尚未实现常住人口全覆盖的根源在于成本—支付机制的确立，而核心制约则是发展阶段的限制。

在迈过不发达阶段之后，面向未来十年甚至更长周期，养老公共服务的对象问题将越来越不容回避，否则，《上海市城市总体规划（2017—2035年）》中提出的"人文之城"将名不副实。事实上，国家层面和上海自身的规划都提出了要求，给出了答案。《国家新型城镇化规划（2014—2020年）》明确，"有序推进农业转移人口市民化，稳步推进城镇基本公共服务常住人口全覆盖"。《上海市城市总体规划（2017—2035年）》第19条关于实际服务人口的表述是，"住房和养老、基础教育、体育、绿地等基本公共服务设施，以满足常住人口需求为主"。

正确处理户籍人口与常住人口关系，应坚持分步走的路径，首先是扩

网，将常住非户籍人口纳入上海养老服务体系，实现全覆盖，并根据一定原则，科学合理地厘定常住非户籍人口享受养老服务的范围、水平和方式。在此基础上，逐步提质，在国家户籍制度改革的宏观框架下，稳妥拉近并最终努力拉齐两者待遇差别，实现一致化国民待遇。

（二）**供给侧与需求侧的关系**

供给和需求两侧共同决定了养老服务的质量和水平，当前中国养老服务和养老产业仍整体处于起步阶段，对供给和需求必须给予更多关注。

供给与需求相互塑造、彼此交织，既不能脱离需求讨论供给，也不能不考虑供给而奢谈需求。养老服务供给侧的核心在于多元，包括供给主体、供给形式等多个维度。而需求侧的核心在于分类，通过对年龄、资产收入、健康等分类，实现对需求的精准把握。当前矛盾的主要方面在供给侧，供给侧的多元探索不是过多，而是严重不足，供给主体不够丰富、水平相对不高、形式较为单一。因此，处理好养老领域供给侧与需求侧的关系，必须抓住当前难得的窗口期，依托上海全球城市的优势，全面丰富和强化养老供给侧改革，多些探索和实践，少些武断和阻碍。

（三）**集中与疏解的关系**

集中与疏解主要指的是本地养老与异地养老。本地养老和异地养老本质上是养老对象和服务在空间内的分布形式，并不涉及孰优孰劣。但在养老供给尚不充分、养老形式相对有限、区域隔离尚未消除的阶段，这一议题容易引起争议，也就是说，异地养老需要一定的前提。

全球城市跨越行政边界、在"全球城市区域"内配置功能，是全球城市发展的内在要求和趋势。随着城市群的出现、长三角一体化的深入，未来制约异地养老的政策瓶颈将在很大程度上消解。《长三角地区一体化发展三年行动计划（2018—2020年）》提出，深化区域公共交通、社会保障、医疗卫生、旅游、体育、养老、食品安全等民生领域合作……加强养老政策协同。在国内三大城市群中，上海与江苏、浙江和安徽等省之间的公共服务水平落差最小，且地缘相近、人缘相亲，具有开展异地养老的天然优势。

未来，集中还是疏解，将会变成老龄群体在更大空间范围内、更多养老服务形式中的个体选择问题。而对上海而言，异地养老的繁荣，将有利于上海更好地开展市域内的养老服务；对外地而言，养老不是负担，更可能是撬动上海更多资源和功能注入的支点。无论如何，未来异地养老一定是自愿而非强制的，是局部而非全体的，是更佳而非更差的，疏解不是流放。

（四）在地与在域的关系

"在地"系"地理空间"概念，"在域"则是"政策空间""虚拟空间"概念。现实是，老年人生活在城市地理空间内，但却分割在医疗、养老、保障等不同的政策空间内。同时，跨区域的涉老政策和数据也缺乏连接和对接。这些矛盾的存在，直接束缚了老龄群体的空间移动和服务的精准集约递送。

未来，在数据技术和信息技术进步的推动下，政策、数据应进一步打通，在地与在域应进一步统合，城市内和区域内甚至国家层面形成一张网、一个体系，从而实现无论在"哪个地"、都在"同一个域"的美好景象。

（五）单兵突进与统筹集成的关系

当前，养老是政府的职能、民政部门是责任主体的格局仍未改变，极大地影响了老龄社会制度框架的形成。既然老龄社会是一种人口结构重大变化催生的新社会形态，那么在应对上就需要城市整体，包括政府、市场、社会、家庭和个体等多元主体。事实上，民政部门由于长期单兵突进而陷入不堪重负状态，特别是责任之重大、协调领域之多，与部门在政府体系内的话语权不相匹配。

面向未来，适应老龄化社会急需在明确主体责任部门的前提下，多主体发力、多部门协同，但关键在于形成强有力的统筹集成机制。其中，需要指出的是规划的重要性。例如，现行的城乡规划和建筑设计规范，对保障养老服务及其配套设施的用地问题，缺乏如学校和医院般的相应倾斜和实施细则。但实际上对一个新城、新区而言，配套养老服务，需求和作用并不亚于建医院、学院。

（六）保障轨与市场轨的关系

进入21世纪以来，中国社会服务领域经历了从市场化导向改革，向保障轨与市场轨双轨运行的转变。[1] 政府承担基本公共服务的供给，发挥托底保障作用，市场和社会组织提供高端化、多元化的服务，养老、医疗、教育和住房等领域均体现了这一格局。当前，养老服务运营模式主要分为四类：公办、公建民营、民办公助和纯民营。

在保障轨和市场轨格局下，未来应以公建民营和民办公助为主，并保留一定比例的公办养老服务机构。同时，考虑到上海作为全球城市高收入群体规模较大，应鼓励以高收入群体为对象的纯民营养老服务机构适度发展，支持多元模式探索。对于不同运营模式，政府应实施不同的管理模式，针对公建民营类，核心是实行运营主体竞标制度；针对民办公助类，关键是补贴和优惠。

（七）国资与民营的关系

在养老产业发展中，所有制是个重要议题，涉及市场竞争格局和利益分配机制。近年来，在民营资本加码投资养老产业的同时，国资国企也积极涉猎养老领域。国资国企主要通过四种渠道参与市场竞争：组建专门的养老公司，比如浦东正依托区属国企构建"东西南北中"养老机构布局；与社会资本成立混合所有制实体，典型如万科、上海地产、上海中医药大学共同成立的上海申养；通过债券和基金等资本运作方式介入，如光大集团；在大健康、大医疗布局中发展养老产业，如华润集团。

在市场对资源配置起决定作用的理念下，在养老产业属于朝阳产业、仍处起步状态的前提下，国有资本和民营资本乃至外资的共同介入，有助于做

---

[1] 贾康：《以制度机制优化推进大健康和养老事业发展》，2018年10月16日，网易，http://3g.163.com/dy/article/DT9NEGFU0529PFU3.html。

大市场蛋糕，整体提高养老产业发展水平，同时，国企还要承担一部分养老领域的公共职能。从长远看，养老服务业属于现代服务业，也是直接关系到几乎每个家庭的强监管的民生行业，因此最终必然形成不同所有制的融合发展、错位发展，最大限度消除市场竞争的负外部效应。

（八）社区居家与机构的关系

在9073格局中，社区居家与机构是互补而非矛盾关系，各自有其价值所在，通过两翼齐飞，明晰彼此服务对象群体，更有助于养老体系的完善。未来，居家、社区和机构相应比例可以调整，但多支柱格局不会也不应改变，关键在于基于统一的需求评估体系，实现不同形式间的联通。

需要指出的是，最有想象空间和创意的养老模式，更有可能出现在社区居家养老领域。这个判断主要基于三点：一是家庭价值的回归。生育放开的潜在价值之一将是家庭地位的巩固与提升，养老是传统家庭的应有之义，家庭的养老功能将实现重塑并得到巩固。二是社区作为基层支撑的持续强化。政府对社区的重视丝毫未减弱，社区建设叙事需要对象，社区公共空间需要人性，助老、服老将是最佳载体之一。三是技术的进步拓展了家庭的功能空间。这使得精准服务、动态追踪成为可能，居家养老的障碍大幅较少。

（九）养起来与活起来的关系

随着人均预期寿命的延长、个体差异化的加剧，老年人群体的异质性越发明显，因此必须摆脱不加区分地把老年人视作一体的思维定势，破除"养老"之"养"字导致的老年人健康不佳、须退出社会的思维误区。

养老并不意味着追求把人舒适地"关"在房间"养"起来，而应当有针对性地激活部分老人的生产性因素、释放潜在的消费需求，有活干、有活动、有活力，让老年人真正"活起来"。基于此，在老年政策体系中，应进一步重视"养起来"与"活起来"平衡，其中的关键在于释放60—75岁阶段老年群体的能力，把握和延长他们失能、失智前的"夕阳红"。实现"养起来"与"活起来"的平衡，有助于个人价值的持续实现，也有利于减轻社会整体成本。

（十）老年与全生命周期的关系

老龄社会作为一种新社会形态，关乎每一个个体，而仅非老年人口。构建适应老龄社会的制度和政策体系，需要关注的也并非只有老年群体，而是涉及所有年龄群体。只有从全生命周期视角出发，才能真正应对老龄社会的长远影响，这直接关系到政策的全方位调整。试举几例。

一是"适龄"概念的重构，20世纪80年代对老龄化的界定基准为60岁和65岁，时间已过近40年，医疗技术的突飞猛进，这一设定是否需要修正？相应地，延迟退休是否需要加速推进？

二是生育政策的放宽。尽管放开生育对老龄化没有立竿见影的作用，但从长远的战略和权利的角度，应该考虑生育政策的进一步调整，以及随之而来的幼托与早教需求。

三是人口红利内涵的变化。虽然中国人口红利是否真的消失仍有争议，但中国高质量发展、产业转型升级对劳动力要求的提高却是不争事实，因此加大教育和培训投资、推动人口质量红利的迸发，应成为政策的重要焦点。

四是全生命周期健康的打造。健康老龄化光靠步入老年之后的重视，虽有作用但毕竟有限。生命健康是个系统和过程，因此健康老龄化需要从生命早期开始，对所有影响健康的因素进行持续的综合、系统干预，才能真正奠定老年健康的基础。

第二节 建设人民属性的世界会客厅

从学理层面看，世界会客厅并非既有的学术概念，也不是城市必不可缺的构成要素。通常而言，世界会客厅及其类似的指称如世界十字路口等，是步入全球化阶段后，在特定且极少数城市中形成的特殊区域。

一、国际大都市功能区的演变：从 CBD 到 CAZ 再到会客厅

从发展历程看，著名国际化大都市的中心功能区，普遍呈现出"从商业街提升为中央商务区，再到中央活动区，并最终发展成为区域性乃至全球性公共活动空间"的演化路径。背后的核心驱动力是城市能级与核心竞争力的持续提升。

（一）国际大都市中心功能区演变的逻辑

随着经济全球化的持续深入、时代发展和规划理念的演进，尤其是经济快速发展后对人自身需求的高度关注，引发了国际大都市中心区功能的持续优化和改善，其发展演变逻辑可以总结为以下几点。

一是从单一功能到复合功能的演变。从传统的商业街、中央商务区，再到中央活动区，国际大都市中心功能区从以商业、商务、金融等单一的经济功能逐步转变为强调开放、多元、复合发展的功能导向，通过足够的密度和适宜的尺度规划，融入商务、旅游、文化会展、居住休闲、行政教育等城市功能。

二是从经济取向到人本取向的演变。相较于传统商务中心区强调对经济效益的考虑，现代都市中心功能区更加注重提供高品质的柔性空间，通过布局广场、绿地、小卖部、咖啡馆等人性化设施，让人群在空闲时间愿意到这里消费和享受生活。同时，作为城市发展的示范区，中央活动区还表现出以践行低碳生态和智慧城市发展的发展理念，强调生态智慧城区的建设。

三是从服务本体到服务全球的演变。随着城市中心区大型企业的全球或地区性总部集聚、国际机构、国际文化交流中心、文化创意基地和国际性旅游会展的汇聚，国际大都市中心功能区作为城市能级和核心竞争力的承载区，显现出世界性的辐射力和控制力，服务对象从本国本土扩展为跨境乃至全球。

（二）世界会客厅是著名国际化大都市的标配

作为城市名片和窗口，世界会客厅已经成为著名国际化大都市的标配。

类似于纽约、伦敦、巴黎、东京等全球城市，其城市中心无不建设有与全球城市的城市级别和功能相匹配的世界级城市公共活动中心。如纽约的曼哈顿是整个美国的经济和文化中心，汇集了世界500强中很多公司的总部，是联合国总部所在地，曼哈顿的华尔街是世界上最重要的金融中心，有纽约证券交易所和纳斯达克两大全球重要市场。可以说曼哈顿已经成为美国影响全球发展、主导全球事务最主要也是最核心的平台。伦敦的金融城作为伦敦公共活动中心的核心区，拥有世界最大的外汇市场、OTC金融衍生产品交易市场，世界第二的国际保险市场、世界第三的伦敦股票交易所，以及和世界著名的黄金市场、期货与期权交易市场，在被称为"银行之王"的英国中央银行——英格兰银行周边围绕着100多家本国银行和520多家外国银行，大约有一半以上的英国百强公司和100多个欧洲500强企业均在伦敦设有总部。

二、世界会客厅的内涵

城市会客厅，从通俗意义上讲，就是城市公共活动中心，是"城市开展政治、经济、文化等公共活动的中心，是城市居民公共活动最频繁、社会生活最集中的场所"。城市公共活动中心同时是城市形态精华所在和区域性标志，一般通过各类公共建筑与广场、街道、绿地等要素有机结合，充分反映历史与时代的要求，形成富有独特风格的城市空间环境，以满足居民的使用和观赏的要求。而世界会客厅，就超脱出一般城市的概念，是少数世界级城市才能拥有的、展现世界级影响力的公共活动空间。

世界会客厅并非凭空而生的概念，作为全球性公共活动空间最具代表性的形态，世界会客厅本质上是中央活动区的升级版和特殊版，是纽约、伦敦、东京和巴黎等顶尖国际化大都市特有、专有的特殊功能区域，也是顶尖国际化大都市空间体系不可或缺、至关重要的一环，全球尺度、全球水准是其与普通中央活动区的关键区别，并具有标志性、公共性、稀缺性等鲜明特性，在全球范围也属凤毛麟角。

世界会客厅，因其集聚了全球高端资本、信息、人才等要素，汇集了全球高端商务、文化、展示等活动，引领着世界城市发展趋势，成为国际化大都市经济实力、社会活力、文化繁荣、创新创意的集中展示区，可以说，世界会客厅是顶尖国际化大都市的精彩浓缩与核心代表。

简要而言，世界会客厅意味着"在这里，汇全球；在这里，为全球"。其具体内涵主要体现在以下几个方面：

（一）城市能级与核心竞争力的承载区

全球城市通过具有国际话语权和资本配置能力的国际机构和大型跨国公司参与全球治理和实现全球资本的控制能力。一般认为拥有跨国公司总部层级越高、数量越多的城市，其管理与控制能力越强，从而在世界城市等级体系中具有较高的地位。世界级的城市公共活动中心位于全球城市的核心区，是全球城市能级与核心竞争力的承载区，必然集聚一批参与全球治理、配置全球资源、协调全球行动的国际机构、跨国公司企业总部及全球性重大功能平台，是全球城市辐射力、影响力、控制力的集中体现。

（二）本土历史和世界文明融汇的典范区

尊重历史、尊重传统、尊重地方特色，是使城市公共活动中心具有地方性、根植性、标识性和空间特色的根本保证。世界级的城市公共活动中心能够在继承本民族的优秀文化基础上，兼收并蓄其他国家或民族的优秀文化，从而形成以本国或民族文化为主、外来文化为辅的百花齐放，百家争鸣的和谐社会氛围。在文化多元化的过程中，处在同一时代、同一文化体系中的多元文化各自具有鲜明的民族特色，但各种文化彼此之间是时刻不停地进行着相互交流和相互作用的融合。

（三）全球要素资源交汇、交流、交易的核心区

世界级的城市公共活动中心往往集中了城市的核心经济活动，是金融业、高端服务业、跨国企业管理等商务活动的集聚空间。来自全球各地的人

流、物流、资金流、信息流等全球要素资源在这里交汇、交流和交易，并最终产生世界范围的经济效益。这个区域的服务对象是城市和整个区域乃至世界范围内的生产机构和经济机构，而不是服务于城市内部的普通市民。它的规模取决于国际及区域资本在会客厅的集聚程度，取决于会客厅内商务机构的数量、性质及其业务流量。

（四）全球性公共活动的密集区

重大的国际性公共活动是城市发展的"大事件"，每个著名国际化大都市均得益于"大事件"举办的深远效应，世界会客厅往往是城市"大事件"的主要举办地或主要受益区。越是全球性公共活动，越具有地点黏性，不同尺度的"大事件"，从跨国公司年会、国际性行业论坛，到国家层面的盛会，大量集中于世界会客厅举办，以充分利用世界会客厅的良好条件，并获得更好的传播效果。

三、世界会客厅的特征

基于本质内涵，从主要国际大都市类似区域发展实践来看，世界会客厅在功能、空间、交通等方面具有鲜明的特征。

（一）功能多样化、复合化

时代的发展，人类生活的丰富，要求世界会客厅功能向多样化升级，既包括总部商务、创新经济、新型金融和专业服务等城市首要功能，同时包括文化创意、文化演艺、娱乐休闲、传媒旅游等战略功能，形成多元功能类型的叠加，与之相配套的各种设施均衡发展。这些多元复合功能的最大特点不仅在于其内容本身，更在于其服务全球的能级和傲视全球的水准。当前世界会客厅也呈现主题化发展趋势，多具有主题突出、特色鲜明的城市活动，满足不同类型的消费者和到访者的需求。

（二）空间人本化、生态化

拥有高质量的人本化公共空间体系是世界会客厅空间结构的重要特征，

往往具备宜人的公共空间网络体系。公共空间包括公园、广场、建筑物前空地、街道转角广场、林荫步道等大小不同、功能不同、特色不同的各种形态。多个公共空间之间联通互动，空间架构由单一向复合，由简单向复杂转变，共享空间、过渡空间、组合空间、模糊空间，以及下沉式空间、架起式空间、屋顶式空间等得到广泛运用。公共空间的土地利用通常采用混合方式，突出步行范围和人的尺度，促进功能之间的相互作用，创造城市的活力。世界会客厅也内在要求低碳、生态、绿色、宜人，走在全世界城市发展前列，顺应全球高端群体对空间环境日益提高的要求。低碳、生态往往融合到世界会客厅的建筑、交通、城市管理等各领域。

（三）交通组织综合化、便捷化

城市公共活动中心强调交通的安全性、方便性和快捷性，为此综合运用了公交、地铁、轻轨、出租等交通工具，充分考虑地面、地下、地上三个层次来组织交通，做到人车分流，各得其所。

（四）高科技运用广泛化、网络化

高科技的建造技术、新材料和虚拟网络技术在城市公共活动中心越来越广泛的使用，不仅改善了城市形象，也使人与人、城市与城市、世界与中国的信息交流得到加强和深化。

（五）建设可持续化、可发展化

世界会客厅的建设必须考虑人类生存的可持续性、环境保持的可持续性及世界会客厅发展的可持续性，这是世界会客厅规划设计的核心问题。这主要是要实现自然与人居环境的可持续性和公共中心发展的可持续性。综合以上国外各会客厅的发展和总结其特征内涵，尤其需要注意到这一点，并进行综合的全局性的考虑。

综上，世界会客厅具有一系列核心特征，概括而言，主要体现为：理念上，拥有着一种生态、人文、高端、开放的观念；区位上，通过中心城区组合其他区域，形成联动机制；功能上，主要是发挥交流交往、资源配置、文化体验等效能；载体上，承载总部机构、生产性服务业和国际协会组织的重要功能；产业上，往往具有引领性的文化、创意、科技、金融等业态；要素流上，通常规模庞大，密度大，能级高端，属性全球化。

四、世博地区打造世界会客厅的定位、目标、思路

世博地区打造世界会客厅不是另起炉灶，而是要基于新定位、新要求，立足既有发展基础，以只争朝夕的紧迫感，抓紧转变理念、转换思维、创新方式，全面推动世博地区各项工作展新面貌、上新台阶。

（一）特色定位

1. 总体考虑

基于内涵、优势和瓶颈的综合分析，未来世博地区打造世界会客厅，应注意四个方面。

一是注意与徐汇滨江、北外滩等沿岸地区的错位竞争和功能定位差异，进一步发掘世博地区具备世界多元文明与文化基因的既有优势，重点凸显其作为国际文化交流中心、科技合作交流平台的独特功能。

二是区分与外滩和陆家嘴两大发展成熟区域，世博地区的整体布局、规划理念应更具有未来感、现代感、品质感，包括地标建筑、智能交通、绿化布局等。

三是把握重点人群主要面向商务人员、科研工作者、文化产业相关人员，既要注重打造规模庞大、密度大、能级高端、属性全球化的产业功能布局，也要积极引进更多世界各国的主要商会、协会、企业家联合会，以及国际组织等，提升区域国际化程度。

四是综合发挥世博地区作为曾经是上海世博会举办地的品牌优势、位于城市发展重要节点的地理优势、贯通南北两岸并有便捷轨交配套的交通优势、作为世博场馆集聚地的场馆优势，以及纳入自贸试验区和张江自主创新示范区的政策优势。

综合来看，未来在打造黄浦江两岸世界会客厅的整体格局中，世博地区应秉承人文、开放、高端、创新的发展理念，彰显战略高度、产出密度、机构稠度、互动频度、制度厚度和品牌靓度，主要面向商务商业精英、创新活跃人群、文化创意业者等专业群体和世界来客，重点突出以文荟客、以商惠客、以美悦客、以旅引客，全面增强国际交流交往、全球资源配置、科技创新支撑、高端产业引领、开放枢纽门户等重大功能，成为上海展示城市软实力的主场、面向世界的窗口。

2. 核心定位

针对世博地区，世界会客厅定位可以具化为特色鲜明的"六区一堡"框架体系，即：高端总部经济特色承载区，前沿创新科技枢纽服务区，重大文体设施和论坛活动魅力荟萃区，首发首演首赛市场活力区，未来城市发展引领示范区，国际性组织机构首位集聚区，中国双向连接和融通全球高端要素的重要桥头堡。

高端总部经济特色承载区，主要对应世界会客厅的全球资源配置功能，表明世界会客厅并非单纯的旅游景点，而是顶尖国际化大都市的缩影，凸显顶尖国际化大都市各类企业总部尤其是跨国公司总部机构高度集聚的特征，从而赋予世界会客厅"汇全球、为全球"的底色。对于正加速比肩纽约、伦敦、东京和巴黎的上海，做大规模、做实密度、做强实力是当务之急，也是必由之路。世博地区能够通过发力总部经济，为全市发展大局做出独特贡献。

前沿创新科技枢纽服务区，主要对应世界会客厅的科技创新支撑和高端产业引领等功能。在新一轮科技革命全面到来的历史性转变当下，顶尖国际化大都市纷纷围绕创新发力，力图抢得长远战略先机，上海也正全面向具有全球影响力的科创中心进军，浦东则被赋予核心承载区的重要定位。创新是一个宏大的体系，既有基于科学发现和技术发明的源头创新，也包括知识产权、资本扶持、成果转化、场景应用等在内的战略支撑与服务。世博地区由于其综合优势，有责任更有条件汇聚各类科技服务业，从而为张江、临港、金桥等科技和产业创新"硬核"区域提供不可替代的战略配套。

重大文体设施和论坛活动魅力荟萃区，主要对应世界会客厅的国际交流交往功能。世界会客厅通常配置着具有全球影响力的公共设施，承载着标志性品牌性的经典论坛等活动，心向往之、万众瞩目的效应弥散全球。世博地区拥有上海市域范围内几乎最高水准的重大公共设施集群和最高比例的重要公共活动，最有可能代表上海成为全球性大事件的首选地。

首发首演首赛市场活力区，主要对应世界会客厅的国际交流交往和开放门户枢纽等功能。世界会客厅由于受全球瞩目的地位、场馆优势和举办重大活动的经验，往往是世界范围内首发式、首演秀、首场赛的承办地，这也构成了"会客"的重要内容。世博地区持续举办了华为产品发布、NBA 中国赛等中国范围内的诸多"首"次活动，口碑效应卓著，完全能够成为更多国家层面乃至全球尺度"首"次属性活动的"首选之地"。

未来城市发展引领示范区，主要对应世界会客厅科技创新支撑、高端产业引领等多元功能。顶尖国际化大都市处于当今世界城市网络的核心节点位置，是城市文明的集大成者，也是思想、潮流和文化的引领者，更是未来城市发展模式的先行探索者。世博地区是首个以城市为主题的世博会的核心会场，曾集中展示了全世界国家和组织对城市文明发展的前瞻思考，具有引领城市文明演进的独一无二基因，更有条件在世界城市发展迈向新范式的进程中发挥示范作用。

国际性组织机构首位集聚区，主要对应世界会客厅的国际交流交往和资源配置功能。世界会客厅的会客主体既包括市场主体，也包括组织实体，相对而言，国际性组织机构是更为稀缺的战略资源，一个组织能撬动全球一大行业甚至绝大多数国家，这些组织高度集聚，极化分布于纽约、伦敦等最顶尖的国际化大都市。世博地区可以在金砖国家新开发银行基础上，持续汇集更多非政治类国际性组织，有效壮大世界会客厅的"主人圈"，牵引更广的

"朋友圈"。

中国双向连接和融通全球高端要素的重要桥头堡，主要对应世界会客厅的开放枢纽门户功能。世界会客厅形成于全球化时代的顶尖国际化大都市内，天然具备最高的全方位开放度，体现着所在城市的开放特性，承载着高端要素流通。对于中国而言，"引进来"和"走出去"的双向开放格局加速推进，巨量规模要素双向流动逐渐成为常态，客观上需要一个乃至多个枢纽型桥头堡。在上述六个区建设的基础上，世博地区世界会客厅定位必然强烈体现出全球要素"进"和本土要素"出"的桥头堡效应。

（二）主要目标

世博地区打造世界会客厅的分阶段目标主要体现为两种。

短期目标：通过两至三年努力，世博地区各项重大设施加速推进，城区形态基本成型，经济贡献度进一步提高，总部商务、高端会展、文化创意、休闲娱乐、生态宜居等功能进一步增强，区域内板块间、设施间和主体间联动进一步强化，全球性公共活动数量和质量进一步提升，世界会客厅的品牌形象初步形成。

中长期目标，到"十四五"末，世博地区经济规模和效益实现重大突破，全球知名总部型机构高度集聚，行业类国际组织持续落地，重大文化等公共设施密集，全球高端要素高密度高强度交汇、交流和交易，城市景观和管理水平达到世界一流水准，区域品牌影响力辐射全球，真正成为与上海和浦东全球地位相匹配的世界会客厅。

（三）基本思路

未来一段时间，世博地区将深刻把握世界会客厅内涵本质，领会市、区两级关于打造世界会客厅的指示精神，立足浦东社会主义现代化建设引领区定位，借鉴国内外类似区域做法，着力释放世界会客厅建设驱动效应，以文化和创新为突破口，以便利和促进全球高端要素与活动为关键，坚持"功能优化、规模壮大、价值提升、特色塑造"主线，以"建设一批、加速一批、升级一批、联动一批、谋划一批"等"五个一批"为工作重点，立足定位调规划，聚焦文化谋突破，依托载体抓产业，打造地标塑形象，面向国际聚组织，做好联动促活力，强化品牌扩影响，提升治理优环境，全面补短板、拉长板，加速增实力、出形象、上台阶，推动世博地区真正成为上海黄浦江两岸世界会客厅的核心承载区。

五、世博地区打造世界会客厅的重点举措

世界会客厅的更新更高定位意味着区域规划、建设和运行体系全方位的升级优化，涵盖区域规划、功能配置、产业体系、形象设计、载体平台等所有领域，当前迫切需要尽快形成一批有针对性的重点举措。

（一）发挥规划引领作用，进一步完善区域规划

围绕世界会客厅新定位调整完善规划，争取部分领域有所突破。首先，加快世博园区、耀华剩余地块开发进度，增配符合世界会客厅定位的公共功能设施，如博物馆、图书馆、酒店等，缓解因央企楼宇自用、前滩只租不售等因素而加剧的设施不足局面。其次，优化世博文化公园规划设计，丰富演艺娱乐、文化交流、传媒发布等功能并提高相应设施比例，最大化释放公园的文化交流效应。再次，拓展居住和服务功能，加大酒店式公寓、人才公寓等住房供应力度，提高住房配置的区域均衡度，增加高端医疗、教育等服务供给，促进高端群体集聚。最后，丰富艺术细节，在滨江沿岸增加浮雕墙、主题雕塑、小品等，烘托公共交往氛围。

（二）以重大论坛为载体，进一步夯实文化高地地位

世博地区打造世界会客厅，必须坚持打出"文化牌"，打出特色、打出声响。首先，抓住上海国际文化大都市定位尚缺乏重量级文化论坛支撑的契机，借鉴陆家嘴论坛、浦江创新论坛和虹桥国际经贸论坛经验，举全区之力，积极争取创设部市主办、以世博地区为永久承办地的世博文化论坛，发展为最具权威性、代表性和影响力的国际文化大都市论坛载体，形成不可复

制的文化竞争力。其次，汇聚纽约、伦敦、巴黎、东京等类似区域，探索举办世界会客厅论坛，打造"世界会客厅的会客厅"。第三，梳理整合重大文体活动，推动主题化和品牌化发展。变"活动流量"为"发展增量"，引导鼓励文化主体落地经营，加速世博地区从文化码头升级为文化源头，力争成为文化龙头。

（三）围绕央企和前滩，进一步提高产业集聚度

世界会客厅作为顶尖国际化大都市的缩影与代表，首要的是展现其繁荣与实力。围绕提增量、强质量，全力以赴抓招商、聚产业，充分发挥全国首个自贸试验区央地融合发展平台作用，积极构建"中字头"生态体系全产业链，吸引央企产业链条上的垂直和协作关系企业前来投资，引进各类关联产业总部、新兴金融业态等。全力营造前滩"类海外"环境，掀起"抢滩前滩"新高潮，对表世界500强、中国企业500强、科创板企业，推动前滩成为世界知名跨国集团、中国本土化跨国公司国际总部集聚区，以及科创板企业总部基地。积极探索第三方招商。面对科技革命带来的产业方向不确定性，借力普华永道等世界知名的市场咨询公司和产业开发商，提高招商的精准度和前瞻度。

（四）聚焦建筑做文章，进一步塑造世界会客厅经典形象

立足世界会客厅定位，注重新建筑的形象设计，加强与地产集团对接，着力打造多个匹配上海卓越地位、体现未来设计趋势的地标性建筑，作为"会客"的核心主场，并成为中心城区最具未来感的建筑群落。注重工业遗存的保护和活化利用，提升建筑历史厚重感，发挥文化创意、夜间经济、商业配套等功能。总结奔驰文化中心和东方体育中心功能拓展的经验，通过运营团队能力提升和政策扶持，推动大型场馆建筑功能多元化综合化转型升级。

（五）瞄准国际组织，进一步拓宽全球连接通道

深化对国际组织独特作用的认识，借鉴北京建设国际组织集聚区做法，

争取市民政局乃至更高层面支持，以金砖国家新开发银行为牵引，广泛吸引经济科技类、文化体育类、教育医疗类等非政治性国际组织和机构入驻，并积极争取成为国外驻上海领事馆新承载区，特别是金砖国家领事馆集中区，打造与北京南北辉映的上海国际组织集聚区，提高世博地区国际交往和资源配置能力。

（六）加强全方位联动，进一步激发区域活力

世博地区打造世界会客厅，既要干好世博"自己的事"，也要做好浦东"我们的事"，还要关注"邻居的事"。一是推动东西联动，使得"世博园区—前滩—徐汇滨江"真正成为相得益彰的中央活动区。二是加强南北联动，学习陆家嘴发展、管理经验，形成更为紧密的合作关系。三是做好水岸联动，统筹滨水与腹地整体发展，释放区域内游船游艇码头的引流效应；围绕景观构造和功能错位，加强与市江河办及两岸兄弟区段等对接。四是促进岸腹联动，加强与周边4个街道两个镇的沟通联系，实现服务对接、项目对接、联动合作。五是实现场馆联动、楼宇联动、地块联动，围绕交汇、交流和交易，推动电竞赛事、商务商业、文体娱乐等设施之间多元连接、资源共享，形成覆盖全域、微循环畅通的功能设施网络，打造微循环畅通的好客之厅。

（七）强化品牌塑造，进一步提升区域美誉度

正视上海市域滨江两岸对"世界会客厅"品牌的无形竞争态势，抓住区委、区政府赋予世博地区会客厅明确定位的契机，全力打造"世博会客厅"品牌，赋予"在世博，会世界；在世博，连世界"内涵，与标志性建筑、LOGO、论坛活动等共同构成品牌体系，并积极运用于区域推介、对外交往和招商活动，特别要敢于在其他顶尖国际化大都市的会客厅宣传自身。

（八）提升治理水平，进一步优化区域运行环境

世界会客厅既源自建设，也出自治理，世界会客厅必然要求世界一流的运行管理水平。一方面，把握上海大力发展人工智能和5G产业契机，积极

申请申报人工智能应用、5G应用场景示范项目或区域，努力以技术赋能管理；另一方面，围绕高密度、高强度、高流动、高层次的要素和活动特征，加快建设以智能化为核心的城市运行和管理体系，全面推进智能发现、智能勤务、智能联动，特别要提高对重大活动和国际交往的服务保障能力，打造安全、有序、干净、智慧的世界会客厅。

第三节 聚焦城市治理实践，提升浦东城市运行工作体系效能

超大城市管理是世界级难题。伴随中国经济发展和城市化不断推进，超大城市治理问题已经成为当前中国面临的突出问题。经过多年的持续探索和不懈努力，立足超大城市治理实际，围绕"更有序、更安全、更干净"的城市管控目标，打造人民群众高品质生活空间，浦东城市运行"一网统管"取得了阶段性成效。

浦东城市治理，紧扣城市运行"一网统管"这个"牛鼻子"，从"高效处置一件事"出发，推动实现对城市问题隐患"早排查、早发现、早预警、早处置"，助力浦东城市数字化转型，是超大城市治理现代化、精细化的创新之举，为中国城市治理体系和治理能力现代化提供了"鲜活案例"，为世界超大城市治理样板提供了"浦东实践"，为现代城市管理贡献了"地方智慧"。

围绕城市运行"一网统管"工作体系，通过对市、区相关部门深入调研，对照全市相关要求，对标各区实践探索、总结区内街镇"一网统管"工作运行体系运行，经过深入考察研究，总结成绩，梳理问题，提出了对策。

一、浦东城市运行"一网统管"的发展现状

建设浦东新区城市运行综合管理中心（简称"浦东城运中心"）是从城市网格化综合管理平台升级到城市精细化治理平台的一次飞跃，是浦东率先

对超大城市治理现代化、精细化的创新探索和实践。2018年11月6日，习近平总书记考察浦东城运中心，对浦东在城市绣花式智能管理方面的探索和实践给予高度肯定，并提出了"一流城市要有一流治理，要注重在科学化、精细化、智能化上下功夫"的新要求，为浦东加强城市精细化管理和"城市大脑"建设指明了方向。[1]

三年多来，根据习近平总书记考察时提出的"联合、即时、智能、协同"的重要指示精神，按照上海市城市数字化转型战略部署和城市运行"一网统管"总体要求，浦东率先打造了全覆盖、全天候的"城市大脑"综合智能指挥平台。紧紧围绕"高效处置一件事"，通过不断探索和推进管理流程再造，该平台不断迭代提升和深化应用。2020年7月，浦东城市运行"一网统管""城市大脑"3.0版本整体上线运行，初步建立经济治理、社会治理、城市治理三大治理平台。在治理体系上，该平台已集成城管、公安、应急、环保、市场监管等多项城市运行管理事务，并构建"区城运中心—街镇城运分中心—居村工作站"三级运行综合管理体系，全面覆盖36个街镇和1382个居村，有效提高城市管理问题的快速发现和快速处置水平。在治理效能上，通过梳理和协调跨部门、跨层级难题，形成涵盖21个部门、57个场景的1257个治理要素，实现从管事项向管要素转变，强化全方位、多角度的感知能力和全覆盖、无盲区的高效管理能力，有效确保市民的"急难愁盼"问题得以快速流转处置。

经历了新冠肺炎疫情重大考验，针对超大城市治理新的国际性难题，重点聚焦全域感知、全数融通、全时响应、全景赋能四大目标，围绕"打造全天候、现代化、系统性的城市安全保障体系，全力保障超大城市安全有序运行，全力守护人民群众生命安全和身体健康"，浦东将继续发挥"改革先行""开路先锋"作用，勇挑重担、攻坚克难，不断推动超大城市治理体系

---

[1] 陈佳辰：《浦东新区城运中心：探索城市智慧治理新路径》，澎湃新闻·澎湃号，https://www.thepaper.cn/newsDetail_forward_18684797。

和治理能力现代化水平迈向新的台阶。

二、浦东城市运行"一网统管"建设取得的成效

（一）构建形成"一屏观天下、一网管全城"

按照市委、市政府要求，在推进和落实"三级平台、五级应用"[1]工作体系建设中，通过构建"浦东'城市大脑'日常管理总平台＋街镇智能综合管理分平台＋居村联勤联动微平台"和"打造专业部门智能综合管理平台＋迭代拓展专项应用场景以形成智能化应用场景体系"的"平台＋管理"模式，[2]按照日常、专项、应急三种状态，开发和汇聚了一批具有示范性整合应用场景，实现跨区域、跨部门、跨领域数据交互，形成大厅指挥屏、部门管理屏、前端处置屏纵横联动的工作格局，建立一套与之相匹配的城市治理体系标准规范，形成区级落实部署、街镇社区和网格授权执行的城运管理体系，实现城市运行"一屏观天下、一网管全城"。

（二）推动实现"高效处置一件事"

依托"三级平台、五级应用"城市运行工作体系，在全市城运中心"大脑"基础上，依托区城运中心"中脑"、街镇城运分中心"小脑"、社区和网格"微脑"的城运管理平台，整合统筹城市运行全体勤务队伍力量、全域管理事项、全量城市部件、全部物资装备等软硬件"神经元"资源，构建城市运行"脑中枢—神经元"网络运行和管理体系，有效推动跨区域、跨部门、跨领域联勤联动，全面实现"高效处置一件事"。

（三）赋能城市"有机生命体"

聚焦城市痛点难点问题，将经济、社会、城市各领域应用系统数据接入

---

[1] 上海城市运行管理服务平台建立了"三级平台、五级应用"的运作体系，"三级平台"是市、区、街镇三级智慧信息平台。"五级应用"——市级应用、区级应用、街镇应用、网格应用、小区楼宇应用。

[2] 杜晨薇：《一座特大城市的全新"运算法则"》，2022年6月26日，上观新闻，https://export.shobserver.com/ baijiahao/html/501952.html。

城运平台；同时，依托城市基层"神经元"和感知端基础设施，建设态势感知、预警预判、智能发现的城运体系数据平台，发挥先进智能算法功能，形成多维、多源、多态特征的"城市体检"实时监测数据，及时洞察整座城市的全时运行情况，构建城市运行数字体征体系，推动智慧城市向智慧"城市生命体"跃升。[1]

三、城市运行"一网统管"存在的问题

城市运行"一网统管"是一个复杂系统，点多面广，国际国内没有可借鉴经验，上海创新探索刚刚起步，浦东在工作推进中不免存在困难和问题。通过调研考察，对相关情况梳理和归纳，对城市运行"一网统管"存在问题总结如下。

（一）服务"通达性"有待提高

城市运行"一网统管"打破了原有的条线壁垒，依托"平台和应用体系"，实现全区范围内服务群众的通达高效。由于"两网融合"数据挖掘深度不够，以及三大治理体系工作推进进度不一，社会治理、经济治理模块滞后于城市治理，与全要素纳入"一网统管"的工作要求尚存一定距离，政务服务"一网通办"和城市运行"一网统管"互联互通互融不够，在一定程度上制约了"一网统管"业务办理"通达性"和整体功能发挥，影响了市民对城市工作运行体系的感知度和满意度。比如，有市民在协助租客办理居住证时，由于房产证是2003年以前的，系统资料缺失，街道社区中心无法办理。

（二）系统"联通性"有待优化

"一网统管"运行基础是数据互联互通。"一网统管"实现了跨区域、跨部门、跨领域的信息系统对接和数据交互，但部分特殊行业、领域的壁垒对

---

[1] 王子涛：《国内首个超大城市运行数字体征系统上线》，中新网上海6月10日电，https://baijiahao.baidu.com/ /s?id=1702182580783234894&wfr=spider&for=pc。

数据联通造成一定障碍。比如,危化品车辆监管,市级部门建有专业管理平台,由于系统相对独立及安全问题,尚未与区级平台对接和数据共享,给基层监管应用场景带来不便。同时,部分区内单位及街道在应用场景开发建设上存在滞后性,特别是社区、楼宇应用层面相关功能设计和开发进度与市民迫切需求和意愿存在一定差距,严重制约"一网统管"信息平台服务市民的能力范围和边界拓展。

(三)业务"统筹力"有待提高

"一网统管"运行的基础是在管理制度和规范上实现标准统筹。由于城运中心业务统筹权威不足,部分区及街道"一网统管"存在规章制度不全、内外口径不一、执行落实不到底、监督检查不到位等问题。比如,由于在"联勤联动"和"闭环推送"方面存在工作处置最后"责任终端"不清晰,有市民在12345投诉道路坑坑洼洼影响老年人出行安全。结果,市民对12345服务态度满意,而对实质性进展回复结果不满意。同时,部分12345市民热线和信访等问题往往涉及多个政府部门,但"一网统管"对此类情况缺少配套协调机制,无法督促各有关部门协同有效解决问题。

(四)机构"实体化"有待加强

城市运行"一网统管"主要依托城运中心这一实体开展工作。由于城运中心工作特殊,需要24小时值班值守且同时要求具备一定技术能力和管理素养,对编制数量、人员构成具有较高要求。特别是随着市民需求不断提升和城市治理边界不断拓展,城运中心业务不断叠加,对工作人员数量、能力方面要求不断提高。实际上,目前,部分区内单位及街道城运中心仍然采用人员兼职、临时借调等方式,机构实体化程度不足,对工作队伍稳定性、积极性和实战能力提升都存在消极影响。同时,由于事业单位属性,在沟通上下、统筹各部门资源数据中也存在明显权威性不足。

(五)功能"整合度"有待强化

整合资源、信息集成是城市运行"一网统管"最大的特征。部分区内单位及街镇在资源整合、系统平台功能整合方面存在进一步优化的空间。比如，部分区内单位及街镇的大数据资源与平台整合有待加强，物联感知建设的网络通信架构尚未统一完善，建设标准尚不统一；在数据应用上，政务数据在政务网上运行，对外网的数据形成壁垒，导致相关市场化数据不能融合应用。再如，部分条线自建系统整合工作尚未全面完成，较多条线部门尚未形成城市生命体征检测数据；物联感知方面，已建部分多有失管失养情况，新建在建项目中尚不普及。

四、做强做实"一网统管"的主要建议

立足超大城市治理体系和能力现代化，围绕"一屏观天下、一网管全城"总体目标，从解决现实困难和实际问题出发，通过落实"三大聚焦、三大统筹""三个围绕、三个完善""三项立足、三项强化"等举措，提高服务通达性，优化系统联通性，提高业务统筹力，加强机构实体化，强化功能整合度，切实做强做实"一网统管"城市运行工作体系。

（一）加强顶层设计，统筹"一网统管"体系建设

一是聚焦工作运行需要，统筹规划制度体系。立足城市运行管理体系建设，贯彻落实全市城市数字化转型战略部署和城市运行"一网统管"总体要求，统筹优化区、街道和居村三级城市运行管理体系。进一步完善三级事权分工，明确各级工作职责和重点，形成符合市级统筹规划、街镇居村高效落实的基本格局。

二是聚焦基层激励需要，统筹指导机制建设。立足城运中心对超大城市治理需要，统筹指导城运中心工作机制创新，从最大力量统筹政府治理资源、最大限度提升服务群众能力、最大程度调动工作人员激情出发，完善落实"平急特"[1]多态融合、全天候值班值守、多渠道发现处置、多场景分析

---

[1] 城市管理运行中的平常状态、紧急状态和特别状态。

研判、跨部门联动指挥等工作机制,打造与城市全生命周期管理要求相适应的分层分级指挥调度体系,提升"高效处置一件事"能力。

三是聚焦基层群众需要,统筹落实考核管理。立足服务基层群众需要,围绕市一网统管工作重点,充分运用考核指挥棒,研究制定"一网统管"年度绩效考核办法,压实、压牢工作责任,统筹落实城运中心考核管理,提升"一网统管"整体工作水平。

(二)提升硬件能力,完善"城市体征"终端建设

一是围绕基层感知终端建设,完善"一网统管"基础底座。整合各街面、小区视频资源,积极推进物联感知设备的接入和运行,加快推进相关问题发现、告警、流转、处置流程的深度落地;强化市民哨点作用,优化舆情捕捉与监测,优化"随申拍"及舆情系统功能,深挖"12345"热线数据,逐步实现"未诉即办""未诉先办",充分调动市民通过热线参与城市治理的积极性。

二是围绕基层应用场景开发,完善"一网统管"服务赋能。聚焦各园区治理、河道治理、小微工地监管景观灯光管理、共享单车治理、群租、噪声排放监管、企业需求等治理重点与难点,继续推动"玻璃幕墙""违章建筑""医疗机构"等场景的优化和深度使用,全力推进"物业管理""养老服务""渣土治理""群租治理"等应用场景纳入"一网统管",不断完善数字化"治未病"清单。

三是围绕基层人机协同深化,完善"一网统管"业务流程。督促和指导各部门从实战出发,全面梳理内部工作流程,推进从发现到派单到处置的全链条业务流程的数字化再造,推进处理模式从传统人工处理向机器派单、智能管理转变,实现"指令到人",做好内部事项处理"小闭环"。

(三)优化服务支撑,强化"数字能力"基础建设

一是立足健全机构和标准规范,强化"一网统管"研究能力。在实践摸索基础上,加强与高校、科研院所和智库合作,形成对城市运行"一网统

管"的持续跟踪和深入研究,及时归纳和总结成功经验和不足,健全工作运行机构,完善工作体系标准和管理规范,推动"一网统管"高质量运行发展,不断提高城市治理体系和治理能力现代化水平。

二是立足数据和平台互联互通,强化"一网统管"协调能力。提高城市运行工作协调。在区级层面,强化与国家电网等社会资源平台的对接和引进,并强化与税务数据、水电气数据的归集分析;在街镇层面,加强与属地园区和商场数据叠加,形成较为完整的企业库,将平台数据资源运用于经济运行和城市精细化管理相关场景中,为行业部门提供有力支撑,打造城市运行"一网统管"工作品牌。

三是立足财力、人力保障支撑,强化"一网统管"投入能力。加强"一网统管"财力保障,研究制定与市民服务需求和城市运行业务增长相匹配的财力投入增长机制,确保城市中心功能、编制、人员增加与政府投入成正比。同时,加强基层干部数字化能力培养,通过开展基层干部专题培训、现场会、常态化交流等机制,重点培养基层干部网络担当意识、与市民网络交流意识和能力,切实提高城运中心工作队伍的技术能力、管理能力和服务能力。

第六章
以区域为依托，更好发挥一体化进程中的浦东作用

长三角城市群是我国经济转型发展的"主引擎"、创新发展的"主阵地"。上海是长三角高质量发展一体化国家战略当仁不让的"龙头"，浦东作为上海的核心功能区和诸多国家战略的承载区，更有责任有义务发挥主要作用，也有条件有能力在突破制约长三角深层次一体化的基础性、关键性领域与环节上取得重大创新和突破，以更好地服务国家发展大局。

第一节 对区域一体化规律和规则的认识

区域一体化本质上是经济社会发展到一定阶段的客观现象，是从繁花点点到春色满园的升华。区域整合在世界范围已有诸多成功案例，小到一国之内的地方行政区域之间，大到类似欧盟的邦联制国家层次。丰富的区域发展理论和实践，可以为长三角更高质量一体化发展提供借鉴，加快建成为最具影响力和带动力的强劲活跃增长极。

一、把握一体化的内在规律

市场经济条件下，区域发展有其内在规律，这些规律很大程度上塑造了区域一体化的基本面貌和长远走向。

（一）核心城市带动规律

从城市形态角度看，区域一体化实际就是城市群与都市圈。《国家发展改革委关于培育发展现代化都市圈的指导意见》指出，都市圈是城市群内部以超大特大城市或辐射带动功能强的大城市为中心、以1小时通勤圈为基本范围的城镇化空间形态。数个以大城市为核心的都市圈构成城市群。因此可以说，核心城市，尤其是作为世界城市网络重要节点的全球城市，构成区域一体化的内生驱动。无论是世界六大城市群还是四大湾区，总是拥有一个或数个全球城市。核心城市是国际和国内两个扇面的交汇点，长板突出，通常具备综合性功能体系，以及不可复制与替代的核心竞争力，并在金融、创新和文化三大领域占据高位。一体化的区域边界决定于核心城市的辐射半径。核心城市的形成，既是自身强烈发展意愿和卓越发展战略的客观结果，也是区域非均衡发展规律的必然体现；核心城市对一体化的积极作用，集中表现为高能级要素比如资本、技术和信息等，以及高质量要素比如医疗、教育和文化等的输出和辐射。无疑，上海、杭州、南京、苏州、宁波、合肥等城市将是长三角一体化的主导驱动和关键引领，而上海的龙头作用更是独一无二、无可取代。

（二）集聚与分化规律

一体化作为区域内城市普遍意愿的事实，并不意味着每个城市的功能和作用一样化、均质化，区域一体化也无法背离区域发展的基本规律。区域发展内在地体现出非均衡特征，直观地表现为点上集聚和面上辐射。区域一体化作为发展战略，本质上是一个区域内高水平重新洗牌的过程，客观上伴随着集聚与分化。从这个意义上讲，一体化并不是区域内所有城市发展的灵丹妙药，更不会有"一招鲜""一贴灵"的虚幻效果。相反，所有城市要在一体化这一新格局下重新找到自我定位，重构自身发展战略。考虑到一体化本义是消除要素流动的各类障碍，人为圈留要素以维持发展的可能性越来越小，集聚与分化的态势更为显著。例如，东京都市圈已然高度成熟，但东京的集聚仍在持续。需要注意的是，一体化背景下集聚与分化是基于良好的发展基础，其取向和结果往往也是打造出更为强大的区域整体。因此，好的一体化规划往往是引导和促进高水平分化，而非干预甚至阻止分化。

（三）高质量分工规律

成熟的一体化区域是"平"的，是对"中心—边缘"等级序列的颠覆，其核心机理在于垂直分工与水平分工的动态均衡，水平分工占据主导地位。水平分工并不意味着城市间实力的拉平，而是适应城市网络结构的分工形态，不同城市发展出基于自身比较优势的核心竞争力，从而在人均产出和人均收入而非总量规模方面差距可控、逐渐拉平。因此，水平分工是区域一体化健康可持续推进的关键，也是抑制低水平分化的法宝。对于区域内的中小城市而言，普遍深度融入核心城市的价值链、产业链，通常会涌现一批全球范围的"单项冠军""隐形冠军"和"特色之城"。水平分工也意味着，即使是区域内最核心的城市，打造综合功能也并非面面俱到、样样都要。一些非核心功能、核心功能的部分环节，完全可以通过一体化，由区域内其他城市承载。最终，通过一体化形成区域间新的科学合理分工，共同锻造更大规模、更强实力的全球经济竞争的新极核。

（四）开放引领规律

区域一体化是区域内开放发展、顺应要素自由流动的结果。开放包含对内开放和对外开放两个维度，高水平的一体化必定是市场化、国际化的典范。一体化的本义是对内开放，即消除行政边界对要素流动的阻碍，在更大尺度上实践市场在资源配置中的决定性作用。但从世界范围的成功一体化实践来看，主要发生在当代经济全球化过程中。往往是处于世界城市网络核心节点的全球城市，由于要素高度集聚、功能全面升级，逐步超越行政边界向外拓展，从"全球城市"走向"全球城市区域"，形成区域一体化的原动力，逐步塑造出都市圈和城市群。世界著名的都市圈和城市群，都是全球经济大循环的关键一环，面向的均是广阔的国际市场，着眼的也是全球竞争。典型如日本，国内市场规模有限，但却形成以东京都市圈为代表的区域一体型竞争单元，其秘诀就在于高度外向化的经济结构。因此，内向化的区域一体化毫无意义，对内开放只有置于对外开放大框架下才能获得动力与活力。

（五）制度和技术双轮驱动规律

一体化的内生动力是区域生产力发展，是市场经济力量的体现，但高质量的一体化必然不是自发而成，必定是高效市场和有为政府的有机结合。科学的制度框架是世界著名一体化实践的必备要素，它提炼了区域的共同愿景，提升了区域的发展品质，也提供了区域的合作架构。好的一体化制度框架通常是多层次多维度的，由战略规划牵引，包含经济、社会、基础设施和生态环境等多领域有形或无形、成文或不成文的机制安排，并有合作委员会、联席会议等体制架构。同时，随着信息和交通等技术的进步，技术在一体化进程中的作用日益显著，不仅推动了道路等物理层面的连接，更解决了信息动态共享、跨区域即时结算等层面的长期障碍，全面激发了各类要素在区域间流动的自由度和便利度。制度和技术的双轮驱动构成当代一体化实践的新态势。

（六）动态演化规律

一体化是个动态过程，也是一个历史过程。一方面，动态演化表明一体化不是一蹴而就、凭空而成，高质量一体化必定具有区域间长期合作、持续磨合的坚实基础；另一方面，一体化的动态性也表明区域内的城市格局、合作重点以及制度安排都不是一成不变的需要根据推进阶段和宏观环境进行相应调整。高质量并非指固定不变的标准，高质量一体化没有终点，而是一个久久为功、迭代升级的持续过程。如果满足于、止步于特定的标准或水平，一体化也可能走向衰退和分离，这也是动态演化的另一个侧面。

二、遵循高质量的规则体系

规律具有客观的刚性，它要求外在的人为规则必须顺应事物演进的内在逻辑。长三角更高质量的一体化，离不开基于规律的高质量规则体系。

（一）互联链接规则

"要致富，先修路"，背后的道理在于连接是发展的前提。一体化的基础是无障碍的互联互通，最大限度消除制约要素自由流动的物理和行政阻碍。通过各个尺度、各个领域的互联，形成区域内城市网络，并依托数个核心大都市实现与全球经济运行体系的链接，也即连接彼此、链接世界。互联互通要求必须打破封闭和隔离导致的既得利益格局与保守不作为惰性，做到"以联通为常态，以区隔为例外"。

（二）市场基准规则

凡是真正一体化的区域，或者具有一体化潜力的区域，都是市场规则的高地。只有充分有效的市场竞争，才能推动一体化持续深入。国家级规划指引下的高质量一体化，并非对市场原则的替代，对市场竞争的排斥；相反，是为了促进有约束的、有规则的良性竞争，让长三角成为市场在资源配置中起决定性作用的典范之区。

（三）协作共享规则

在一体化的共同愿景之下，鼓励竞争与提倡合作并行不悖。一体化的关键在于构建适应竞合格局、支持协作共享的体制机制。一方面，聚焦创新体系和创新生态，为跨行政边界的产学研用，以及产业间和产业内上下游合作创造条件，打造多个具有国际竞争力的创新型产业集群。另一方面，更重要的同时难度更大的则是搭建长三角区域地方政府间的有效合作框架，以政府协同牵引和带动各领域的对接与协作，核心在于高能级和高质量要素的流动与辐射，从而共享一体化发展的果实。

（四）特色差异化规则

一体化并非均质化和一样化，每座城市都必须于新的区域格局中再定位、再出发。在大中小城市体系内，核心大城市具有更为突出的综合性功能优势，处于发展战略的中心位置，而部分中小城市在新形势下容易失焦、失位和失方向。因此，一体化的制度设计应鼓励和引导中小城市走特色发展道路，不求"大而全"，但为"小而精"，努力用"差异"消解"差距"，在人均指标上求平等，在细分领域展风采。

（五）基础单元聚焦规则

都市圈是介于宏观层面的城市群与微观层面的城市个体之间的中观尺度和基础单元，具有驱动宏观、带动微观的重大效应，应成为长三角一体化的"牛鼻子"。建议在城市群整体性制度框架下，围绕都市圈开展针对性政策设计，将推进重点和资源重心更多地向都市圈倾斜，既能基于都市圈的多点开花实质性推动城市群建设，也能深度激发江浙沪皖三省一市的一体化积极性。

第二节 长三角一体化赋予浦东新使命

在国内外深刻复杂的新发展形势下，长三角一体化已进入加速阶段，其内涵、目标、路径等都已发生深刻变化。浦东在实现长三角一体化的"高水平开放、高质量创新、强化高效协同"目标中要扮演不一般的角色、做出不一般的业绩。

一、打造区域协同发展的主引擎

2018年4月26日，习近平总书记对长三角一体化作出重要批示，要求"上海进一步发挥龙头带动作用"，推动长三角"更高质量一体化发展"。但与其他世界级城市群中心城市相比，上海作为长三角城市群的核心城市，其经济实力和国际竞争力尚有差距，对区域的吸引力和影响力还有待提升。浦东作为上海"五个中心"和"四个品牌"建设的核心功能区，以上海市1/5的土地，1/4的人口，创造了1/3的产值，是上海经济快速发展的重要增长极，也是上海在长三角区域中核心城市功能的战略支撑区。为此，浦东必须立足上海，着眼长三角，以"龙头的龙头"为角色定位，发挥"主引擎"作用，持续带动上海经济实力和国际竞争力的提升，支撑上海在区域一体化中的龙头地位，服务长三角世界级城市群建设和更高质量一体化发展。

二、做好连接"两个扇面"的枢纽平台

长三角区域是我国社会主义现代化强国建设的重要支撑区，代表国家参与新一轮全球竞争与合作，因此长三角一体化的目标应是世界级的区域一体化，在区域内要素自由流动和区域外市场深度接轨方面力争达到国际最高标准、最好水平，这迫切需要集聚大量功能性机构和具备高标准营商环境的高能级地区提供高效率的资源配置服务。浦东是我国改革开放的窗口、全面深化改革的试验田，不断接轨国际通行的投资贸易规则体系，集聚了大量境外高端生产性服务业机构，对外开放的扇面能级不断提升。与此同时，随着影响长三角区域要素流动的深层次障碍逐步被打破和消除，区域内要素资源配置将更趋合理，对国际化的金融、法律、会计、研发等高端服务业的需求将更加强烈，这有利于浦东提升对内开放扇面的辐射力和影响力。为此，浦东必须抓住长三角一体化国家战略和增设自贸试验区新片区两大机遇，以提升城市能级和核心竞争力为主线，增强全球高端要素资源配置能力，强化"两个扇面"的集聚辐射作用。

三、发挥高质量发展的示范效应

2019年12月中共中央、国务院印发的《长江三角洲区域一体化发展规划纲要》提出，要把长三角建设成为全国发展强劲活跃增长极、高质量发展样板区、率先基本实现现代化引领区、区域一体化发展示范区、新时代改革开放新高地，这与浦东长期以来的发展取向和目前的发展阶段高度契合。浦东在发展阶段上领先于长三角大部分城市，主要体现为率先进入后工业化阶段、城市化后期阶段，在人均GDP上已达到发达经济体标准。相对

超前的发展阶段使浦东较早面临发展方式转变、政府职能转变、科技创新驱动、社会治理等方面的难题,也使浦东在建设现代化经济体系、提升城市精细化管理水平、构建大民生格局、接轨国际通行规则等方面积累了许多先进经验和成熟做法,可以在新时代长三角更高质量一体化中为域内其他城市提供示范参考;并且,浦东仍将继续处于国家改革开放的最前沿,担负为区域和国家发展探路的使命。为此,浦东要在新的历史方位和历史起点上坚定追求卓越的发展取向,在贯彻新发展理念、推动高质量发展上发挥示范作用。

第三节 浦东在长三角一体化中的定位

清晰合理的定位是作用发挥的前提,也是浦东在外部变量重大变化的情况下动态调整发展战略的基础。综上分析,浦东在长三角区域一体化进程中的功能定位主要体现在以下四大方面。

一、资源配置中心

长三角一体化内在需要一个中心和大脑,既发挥区域资源配置功能,又具备全球能级、为一体化进程提供全球范围的要素资源支撑,进而将一体化与全球化深度链接,推动长三角全面融入全球经济大循环。浦东因其高度集聚跨国公司总部、要素市场以及平台机构,可以最大规模、最为便利、最为高效地集聚全球资本、技术、人才和信息等生产要素,影响重要生产要素的定价权,引导全球要素在长三角范围内自由流动,实现最优配置。

二、科技创新策源地

时至今日,科技创新已成为区域发展的核心动力和区域竞争的关键领域。长三角要成为世界范围综合实力最强的城市群之一,也必然要在创新领域走在最前列，这就要求区域内部形成一个或多个强大的科技创新策源地，引领区域创新发展，掌握全球科技网络主导权。浦东作为上海全球科创中心核心承载区，拥有张江国家科学中心等关键载体，集聚了全球高端创新要素，如顶尖科学家、著名研究机构、知名科技企业、中介服务机构、孵化器、投资人等，能够开展重大原始创新研究，引领前沿技术发展，前瞻应用新兴科技，积极布局全球网络，推动长三角区域发展动力的根本性变革和长周期领先。

三、高端产业引领者

长三角一体化的核心是基于要素自由流动和高效配置基础上的高端产业体系打造，形成垂直分工和水平分工兼具、以水平分工为主的产业分工格局。企业发展离不开领军人物，长三角产业发展也需要区域引领者。浦东拥有以六大硬核产业和高端服务业为主要内容的现代产业网络，可以瞄准全球高端制造业、高端服务业以及新兴产业，广泛集聚领军企业、"独角兽"、关键功能载体和组织，激发长三角产业内不同企业和产业链不同环节间的知识共享效应，提升区域产业发展高级度，稳固保持全球相应行业领域劳动生产率最高水平，持续引领产业发展趋势。

四、开放枢纽门户

长三角在开放环境下推动一体化进程，内在要求具备最高的开放度，既体现为空港、海港、互联网等枢纽设施的全球通达，更表现为顺应经济全球化趋势、基于制度和规则的全球要素流动自由化。浦东作为中国最重要的开放枢纽门户，在自贸试验区、临港新片区等核心载体驱动下，通过制度创新推动贸易和投资自由化便利化，能率先实现全球各类生产要素自由流动和最优配置，探索适应数字经济等新兴业态的监管模式，推动长三角区域积极引领国际投资贸易规则变革。

第四节　更好发挥浦东在长三角一体化中积极作用的对策建议

浦东在推动长三角一体化发展中要发挥引领作用，需要更多创新思维和有力举措，为上海龙头地位的巩固和提升提供战略支撑。

一、树立区域全局观念，重新系统谋划新的大开放格局

浦东一直是中国对外开放的最前沿，经过 30 多年的探索实践，在对外开放领域形成显著优势。但在长三角一体化背景下，浦东需要站在全局发展的层面上，进一步激发开放的潜能、活力和红利，不断提升对外开放水平和效能。

（一）转变开放的目标

新一轮的扩大对外开放，不仅仅是"引进来"，而是坚持引进来、走出去并重。浦东要发挥"窗口"作用，利用自贸试验区平台，积极引领长三角企业、开发园区等"走出去"，通过并购、合资等方式，扩大长三角区域在全球市场的影响力和配置能力。

（二）转变开放的市场方向

"一带一路"倡议将开创我国陆海内外联动、东西双向互济的新格局。无论是总量人口数据，还是动态人口增长情况，都反映了"一带一路"沿线地区将是全球范围内城市化最具活力的地区。长三角地区未来整体参与全球竞争，应重点面向"一带一路"沿线国家和地区。

（三）进一步扩大开放领域

浦东以上海自贸试验区建设为契机，积极探索构建开放型经济新体制，为中国经济创造新的开放空间。上海自贸试验区率先推出外资准入负面清单，历经数轮缩减，已减至 27 条，并在金融服务、医疗服务、职业技能培训等数十个领域涌现出一批首创性项目。未来，浦东应持续深化服务业开放，创新对外投资方式，促进国际产能合作，形成面向全球的贸易、投融资、生产、服务网络，加快培育国际经济合作和竞争新优势。

（四）改善区域营商环境

营商环境是一种制度创新和软实力体现，直接决定着对外开放中相关企业主体的感受，各国在国际经济往来中都将营商环境作为重要的竞争指标。浦东在以市场准入负面清单为核心的投资管理制度，以政府职能转变为核心的事中事后监管制度方面实现了诸多首创，营商环境得到大幅改善。未来，浦东需要引领长三角地区对标国际最高标准，营造稳定、公平、透明、可预期的营商环境，尤其是要优先在反垄断、知识产权保护、数据跨境流动等方面积极探索，有效推动长三角区域打造国际一流的营商环境。

二、推动区域互联互通，构建网络化的合作发展架构

保障要素的区域内自由流动是长三角一体化的核心，浦东要主动输出优势资源，推动多层面联系、多形式合作、多领域拓展的等级化、网络化，具有实质性联系的、紧密合作的"四张网络"，由此实现区域科学分工，最大限度发挥优势和资源效率。

（一）交通设施网络和通信基础设施网络，实现互联互通

一方面，以沪通铁路、南沿江铁路、沪通长江大桥、杭州湾跨海铁路大桥、沪乍杭铁路的建设为契机，做好区域内的规划和衔接，提高江浙两地的交通密度。加快上海东站的建设，改善上海铁路运量的南北不平衡情况，实现浦东陆海空一体化联运枢纽的功能。推进港口一体化进程，增强通江跨海的运输能力，节约上海港与宁波舟山港的运输成本，推动上海港与沿江港口的转输运体系建设，并共同申报自贸港区。另一方面，聚焦5G协同创新发展，分别推进金桥和张江5G系统设备和5G芯片的开发，加大5G网络的规模部署及创新应用，推广工业物联网、智慧城市、智慧医疗等应用。

（二）区域大市场网络，统一市场大体系的关键是统一市场标准

可由地方政府率先主导，鼓励企业和行业协会共同参与，推动构建统一

的长三角市场网络，包括人才市场、科技成果转让和交易市场、区域化公共数据平台和数据资源的评估、定价、交易市场等。还包括联合知名企业、品牌，统一市场准入标准、服务标准、数据接入标准等，联合开发产品和业务，互设代办处或分支机构、定期互办招商会、推介会等。

（三）专业化分工的产业网络，避免雷同布局、恶性竞争

一方面，推进产业纵向一体化发展。按以浦东的集成电路、生物医药、装备制造、新能源汽车等支柱产业为龙头，沿产业链和价值链向周边区域拓展和延伸，形成等级结构清晰的产业空间布局。另一方面，基于城市间不同功能的专业化分工，推进横向一体化发展。区别于传统的以核心城市为首的垂直分工，而是根据城市的功能互补、高度功能连接和集成。例如，杭州的互联网产业高度发展刚好是对上海的互补。再如，依托旅游资源实施文化旅游产业的接轨，开辟"迪士尼＋水乡游、古镇游"等旅游产品。

（四）协同创新的科创网络

首先，加大基础研发投入，助力源头创新，认准产业链、价值链高端，利用最前沿、最尖端的技术，紧扣对产业具有控制力的核心环节，加快集成电路、生物医药、智能制造等功能型平台建设。其次，集聚创新人才，发展浦东国际人才港，打造长三角高精尖的专家团队，建立科技联合研发平台，实现科创分工，开展课题研究和交流活动，建设人才一体化平台。第三，推广创新券的通用通兑，助推中小企业的创新动力，完善科技政策，设置合理的预付额度，提升科技公共服务能力，实现区域内资源的共享。第四，优化创新环境，健全知识产权保护体系，集跨区域的知识产权保护、社会信用保障、企业信用体系为一体。

三、聚焦重点领域，培育区域内生发展动力

浦东推动长三角一体化，不可能一下子全面铺开，需要根据实际情况，制定和实施重大战略计划，勇于在重点领域、关键环节率先突破，发挥典型

引路作用。

（一）以智能制造为突破，打造世界级智能制造集群

以临港高端装备产业、祝桥大飞机产业、张江集成电路产业等为龙头，首先，率先培育一批优质行业的系统集成商，重点部署一批具有世界先进水平、行业试点示范、具有行业标杆的智能工厂的建设，同时鼓励和支持中小制造业参与智能制造的试点示范产业转型升级，形成长三角智能制造试点示范在全国的优势地位。其次，合力打造智能制造供应链体系，建设跨地区的网络协同供应商产业链部署，形成产业链布局，推动整个长三角高端装备的协同发展。第三，推动跨区域的高端装备产业合作专项。推动浦东企业与长三角相关企业的有机融合，通过合资、合作、并购等方式投资建设一批生产制造基地，共同推进高端装备的产业合作。第四，共建长三角智能制造信息网络平台。通过智能制造协同机制将浦东的行业信息和知识服务平台与长三角各地区的网络平台、协同平台、信息平台串联起来，打造共同的信息共享平台。

（二）以金融服务为抓手，完善区域多层次投融资体系

利用浦东金融资源丰富、与监管部门和交易所毗邻等优势。首先，发挥国际金融机构集聚的优势，完善区域创新投融资体系，建立风险资本、创新创业基金、银行贷款等多层级的资金支持体系，发展科技金融，推动上交所与 G60 科创走廊、沪宁高铁经济走廊对接。其次，依托长三角资本市场服务基地，采用线下＋线上的双重服务模式，发挥浦东金融要素市场集聚辐射功能，尽快覆盖长三角主要城市，形成 1＋N（张江基地＋长三角其他城区）的联动，打造成为助推企业到科创板上市融资的服务平台。第三，建立长三角科创板后备企业数据库，为优质企业提供科创板上市的快捷通道。第四，筹建金融数据港。聚焦金融大数据，通过浦东的银行卡产业园、软件园、信息产业制造园"三园"融合发展，在海量数据归集存储、挖掘分析等方面突破一批关键技术，形成面向电子信息、金融服务、商务流通、智能装备等重点行业,以及电子政务、民生服务、城市管理等重点领域提供数据服务的产业集聚区。第五,结合金融法院建设,引领国际金融司法保护新规则。建立金融风险防范机制。例如,建立长三角银行业机构风险评价指标体系,建立《长三角地区金融稳定报告》等风险信息公布制度,建立应对金融市场突发事件的快速反应机制和处置预案。

(三)以"飞地"产业园为载体,输出园区品牌和成熟的经验

一方面,在异地建立"飞地"产业园。有序探索浦东的开发主体"走出去",在长三角区域内探索一区多园的建设模式,将资源聚焦到核心优势上,在园区管理、招商、改革、政策等多方面达成合作,形成有效的品牌输出。这也为开发公司自身产业结构调整服务,缓解浦东发展面临的空间瓶颈。这些园区可不仅仅限于制造业领域,也可拓展到现代服务业、公共服务业等领域。例如,南汇医学园区与长三角的医药科技园区、大型医院、医药企业等合作,建设创新药品、医疗器械示范应用基地和培训中心,形成"示范应用—临床评价—技术创新—辐射推广"的良性循环。同时,也可鼓励开发公司和园区联合长三角地区企业一同"走出去"。积极尝试探索,突破地域和体制的限制,联合苏浙皖企业,主动而为优势互补,在国内其他地区寻求开展产业合作的机会。利用自贸试验区平台,不断提高企业对外投资便利化水平,打造长三角知名企业和产业基金"走出去"对外投资的重要平台。在有条件的情况下,进行海外园区开发建设模式的探索。另一方面,积极探索"反向飞地"模式。吸引长三角地区优质资源,服务浦东产业升级。首先,鼓励外地省市政府或园区在浦东设立办事处、联合研发中心、研发孵化中心等。打通长三角其他地区对创新资源的迫切需求和浦东高端资源充沛供给的通道,实现需求链与供给链的有效对接。以"优势互补、资源共享、利益分享"为原则,叠加各地政策,通过体制机制的创新,共筑跨省市合作科技创新和转化平台,强化浦东科创和研发功能。其次,以"反向飞地"为契机,精准导入优质资源。依托强大的专业服务业功能,优质的创新生态,吸引战

略性新兴产业入驻，提升浦东科技创新能级，同时，促进长三角地区产业结构调整，实现区域创新资源与产业结构的优势互补。利用有限城市空间，共建"反向飞地"，吸引增量资源进入浦东，盘活浦东存量经济动力，为长三角地区资源流动增加新的选择。

（四）以科创功能性平台为抓手，推动协同创新

首先，共享共建大科学装置。发挥大科学装置在长三角区域制造业转型升级的"智脑"作用，鼓励长三角的高校、科研机构及企业深入参与在浦东的国家大科学装置的研究开发、技术指标研讨等活动，并将开放和共用水平纳入对装置的评估考核之内。其次，筹建各种类型的科创功能平台。浦东积极寻求从联系人向组织者的转变，初期以新区政府推动为主，以高校、科研院所为主体，通过成立联合研究室、合作研发共同公开关键性技术、联合推出科技创新项目、设立基金、合作培养和组建人才队伍等方式打造以上海为核心、覆盖新加坡、延伸全球的功能性平台网络。平台类型包括基础性研究平台，研发公共服务平台，企业信用平台，人才培养与交流、技术展示、交易和专利转让平台，等等。第三，充分发挥浦东科技金融服务平台的作用。例如，牵头成立基金，为长三角企业服务"一带一路"沿线国家和地区提供金融支持。例如成立母基金，由各省市入股设置并委派专人管理，引入国资平台、大型民企、国家级开发机构等。下设基础设施发展基金、产业发展基金、科创基金等，以产业或功能导向配置资金和资源。再如，发挥上海科创板的作用。利用科创板落户浦东的优势，开展长三角中小科创企业的上市辅导、融资等服务。

四、以自贸试验区的试验为契机，进一步试点跨区域的体制机制创新

目前，沪苏浙皖均有自贸试验区布局，进一步发挥自贸试验区制度创新的"试验田"作用，拓展"溢出"效应，聚焦市场准入、市场监管和公共服务三大领域，积极推动各项举措集中落实、率先突破，形成更多可推广、可复制的经验，探索区域整体体制机制创新，为区域一体化发展提供助力。

（一）探索自贸区之间联动交流机制

建立自贸试验区联动机制，利用联席会议制度，互相借鉴，优势互补，共同发展，聚焦政策瓶颈和体制障碍等问题进行合力攻关。促进人才交流，包括探索公职人员常态化交流机制，以及优化高端人才的服务工作，建立跨区域专业人才市场，促进人力资源有效流动。

（二）着力推进自贸试验区制度创新经验推广复制

在长三角地区推进以负面清单管理模式为主的外商投资管理制度改革，推动海港、空港、陆港、信息港（四港）联动发展，形成有效的政策互动机制，推广自贸试验区经验，输出体制机制突破方面的创新成果。

（三）推动上海自贸试验区功能向长三角延展辐射

探索将"区内经营、区外注册"推广至长三角地区，允许注册企业可以在自贸试验区外更大区域内开展经营业务，更好地利用政策延展性。以市场机制为主导，以各地产业条件为基础，加强区内区外联动，促进特色产业集群发展，提升整个区域的经济活力和发展效率。

第七章
以战略承载为动力，推动政府改革纵深开展

自 1990 年开发开放以来，浦东始终高度重视政府自身建设，持续探索正确处理政府、市场和社会之间的关系，并立足不同发展阶段，积极推动政府职能转变，成为浦东发展奇迹的重要保障。2013 年 9 月，中国（上海）自由贸易试验区的设立，赋予了浦东率先接轨和融入全球经济新规则体系的战略新使命。2015 年自贸试验区扩区，覆盖陆家嘴金融片区、金桥开发片区、张江高科技片区等浦东经济密集度最高的区域。自贸试验内容的深化、自贸试验区空间的扩容，倒逼浦东必须实现从点上突破到一级地方政府职能的整体转变，必须把推进地方政府治理体系与治理能力现代化作为政府职能转变的重要目标。2017 年 3 月国务院印发的《全面深化中国（上海）自由贸易试验区改革开放方案》明确提出，要更大力度转变政府职能，加快探索一级地方政府管理体制创新，打造提升政府治理能力的先行区。

第一节　浦东近年来推动政府职能转变的基本逻辑

步入自贸试验区时代，国际化、市场化、监管强化与行政优化，成为浦东政府职能转变面临的核心要求。其中：国际化是浦东政府职能转变的深刻动力，为政府运作提供了新的标准与规则体系，深化开放、对接国际要求政府运行必须对标发达经济体的政府运作模式、接轨国际通行惯例；市场化与国际化相辅相成，国际投资贸易新规则的核心是自由化与便利化，本质上也

是市场化程度提升、市场在资源配置中起决定性作用的体现。对接国际、推进市场化，核心与关键在于政府监管方式的转变和监管能力的提升，要从事先审批转向事中事后监管，构建全方位、全链条的监管体系。与之相适应，则需要政府架构进行相应调整，并着力提升政府运作的效能。

一、适应深度国际化的要求，建立高度开放的管理体系

开放、融入国际，是浦东固有的基因和传统。国家赋予浦东自贸试验区试验的使命，是中央开创对外开放新局面、构建开放型经济新体制的战略举措。作为上海乃至全国改革开放前沿的浦东，必须主动顺应开放深化，进一步深度融入国际经济运行体系，率先探索出符合国际高标准投资贸易规则的开放型管理体系。浦东转变政府职能，必须牢牢瞄准适应深度国际化这一方向不动摇。

一方面，浦东要全面对标国际投资、贸易新规则，努力提高政府管理的透明度，增强政策的稳定性和可预期性；另一方面，为促进资本、劳动力、商品、技术等要素高度集聚和流动，政府应推动管理与服务的便利化。同时，越是扩大开放，越应注重风险防控，要全面提升深度开放条件下的政府风险防控能力。

二、适应高度市场化的要求，建立公平透明的市场体系

党的十八届三中全会提出，要使市场在资源配置中起决定性作用，这是社会主义市场经济体制改革的重大突破。市场发挥决定性作用，意味着要让价值规律、竞争和供求规律在资源配置中起决定性作用，要推进市场规则构建、市场秩序维护和市场环境营造。高度市场化离不开政府真正从"划桨"转为"掌舵"，使"有形之手"和"无形之手"相互协调、共同发力。在高度市场化的背景下开展政府职能转变，意味着浦东必须把打造公开透明的市场运行体系作为重要目标。

首先，尊重市场规律，全面清除不合理的障碍，减少和优化审批事项与环节，构建公开、平等、自由的市场规则，努力深化政府简政放权；其次，促进政府职能的归位，实现政府与市场之间功能互补、良性互动，营造法治、透明、规范的市场环境，依托清单制厘清政府与市场边界；最后，收缩"有形之手"，聚焦"掌舵"，让市场"划桨"，减少对市场的直接干预，形成自我调节、约束、净化的市场机制，努力减少政府不必要干预。

三、适应大开放、大市场的要求，着力强化政府监管体系

推进深度国际化和高度市场化，离不开政府监管的强有力支撑。"放"与"管"是一体两面，宽进更要严管，管得住才能放得开。缺乏有效的监管，就无法真正全方位融入国际经济运行体系，市场在资源配置中发挥决定性作用也无从谈起。而长期以事前审批为主的管理模式，导致政府监管特别是事中事后监管较为薄弱，成为国际化和市场化进程的最大阻碍。这就意味着，全面强化监管体系和能力建设，补齐事中事后监管短板，应成为浦东政府职能转变的重要内容。

一方面，浦东要改变政府在监管中一元独大的局面，全面发挥政府、市场和社会等各类主体作用，努力形成多元监管格局。另一方面，突出平台建设，构建覆盖企业全生命周期的综合监管平台，为综合监管提供强有力的技术保障和后台支撑，努力打造综合监管与专业监管相结合的体系。

四、适应有效协调各方的要求，建立效能型的职能体系

效能提升是政府自身建设的永恒主题。地处改革开放最前沿，浦东理应在政府建设上走在最前列。新形势下推进国际化、市场化和监管强化，更对政府效能划定了全新的坐标系，既要求政府职能设置科学合理，也要求政府组织架构进行重组优化，还要求政府具备现代化的管理手段，同时也需要打造高素质的行政管理队伍。这表明，浦东必须把进一步优化以效能为导向的

机构职能体系，作为政府职能转变的重要内容。

首先，按照"定位清晰、功能差异、联动发展"要求，聚焦纵向和横向，理顺"财权"与"事权"的关系。其次，按照"职责明确、边界清晰、协作高效"的标准，根治政府部门职能交叉、机构重复、权力分散、效率不高等问题，理顺部门之间的权力关系。第三，按照适度"分散"与"集中"的原则，优化权力配置，构建决策权、执行权与监督权相互协调又相互制约的运行机制。

总体而言，通过聚焦"国际化、市场化、监管强化与行政优化"，浦东新区在延续开发开放以来政府职能转变的传统逻辑基础上，进一步全面释放了自贸试验区对政府职能转变的带动效应，实现了从单一动力到复合动力、从局部到一级政府整体、从线性推进到系统集成的重大飞跃，形成的开放型管理体系、透明化市场体系、事中事后监管体系、效能型职能体系，以及与之相适应的体制机制、制度政策，正有力构筑起浦东政府职能转变的"四梁八柱"。

第二节　浦东近年来推动政府职能转变的基本特征

浦东在一级地方政府框架内，打造提升政府治理能力的先行区，必须形成以"五个化"为核心的基本特征体系。

一、治理主体多元化

浦东治理格局将从政府单一主导，实现向政府、市场、社会和公众等多元主体共同参与转变；政府由被动处置，转为主动携手多元主体积极发现和回应外界诉求。政企、政社边界更加清晰，规范政府与市场、社会权限划分的清单进一步完善，社会组织准入负面清单出台，各类负面清单进一步缩短，市场与社会发展空间进一步扩大；新型主体持续涌现，跨国功能性机构和国际性协会类组织数量增加，具有竞争力的行业性组织加速出现，社会服务、社区治理等重点领域的社会组织快速成长，积极参与公共治理的市民比重大幅提高；社会领域要素市场总体形成，支撑社会组织发展的人、财等要素资源高度集聚，推动浦东成为具有重要影响力的社会领域要素集聚区；政企、政社合作机制成型，企业、社会组织和市民能真正参与公共决策，企业、社会组织和市民在事中事后监管等重点领域的积极作用得到充分发挥，政府购买服务力度进一步加大，以契约为核心的合作框架真正构建。

二、治理结构网络化

浦东治理结构将从层级节制的单向科层制管理，向多主体协作的关系网络治理转变，网络结构中不同单元的边界柔性化、模糊化，有力提高政府对环境变化的适应性。纵向协调更为顺畅，与中央部委和市级层面的协调有力，浦东改革发展得到的支持力度不减，区一级到街镇基层间的层级设置更趋合理；横向协同更为高效，区级部门架构进一步优化，部门间基于流程再造开展无缝合作；条块协作更为密切，与一行三会、海关与国检等中央驻地单位合作进一步深化，形成常态化沟通协调机制；网格化治理进一步优化，网格划分更加合理，网格内多部门协作更趋顺畅。

三、治理制度法治化

浦东治理制度将继续坚持以创新作为改革的核心内容，从依赖具体领域的政策措施组合，上升为依靠正式明确的制度化规范体系，政府治理全过程都处于法治轨道内，实现依法治理。清单化和标准化整体实现，政府治理的内容、程序全面实现清单化，推动治理的标准化实施，最大限度压缩政府工作人员的自由裁量权；基础性制度体系成型，事中事后监管和风险防控等关键领域制度体系成熟成型，投资管理、贸易管理、信用管理和人才管理等领域全面制度化，有条件的领域实现法律固化；制度创新步伐加快，制度创新永远在路上，适应环境变化的制度创设和调整机制真正形成；法制建设实现突破，争取获得地方立法权，把地方性制度提升到地方性法规高度，或依靠上级支持，在更大范围内得到等效授权。

四、治理体系集成化

浦东治理体系将从部门和领域的各自为政，走向无缝隙的跨部门和跨领域系统集成，从单兵突进转变为协同推进，从碎片化治理跃升为整体性治理，真正形成一级地方政府治理的战略体系。改革举措叠加集成，不同领域改革举措和制度创新更加系统和协同，审批、监管整体分离，审批全部进大厅、管理全面进机关、监管综专结合，同时，各治理环节和制度体系环环相扣，相互支撑，闭环运作；国内创新探索吸纳集成，国内其他地区的政府改革成果和创新实践成为浦东治理优化的有力补充；国外有益经验有机融入，紧密跟踪发达国家和地区符合国际通行规则的先进经验和先行做法，改造集成至浦东治理体系内。

五、治理方式现代化

浦东治理方式将由传统加速向现代转型，政府从技术的被动适应者转为新技术的先锋实践者，技术演进与政府治理的互动更趋频繁，基于信息技术、智能技术等新兴技术的治理理念、架构和方式全面再造。信息共享全面实现，横亘于部门间的信息壁垒彻底消除，数据依规汇集依法流动，数据"共享为原则、不共享为例外"落到实处，数据全面向"蓄水池"和云端汇集；"互联网＋政务"效用彰显，依托信息和智能技术实现政务流程重建、组织重构和人员重编，在线办事、在线办公、在线监管、在线督查成为治理新常态；智慧治理加速推广，人工智能技术对服务和管理的效用逐步显现，智慧治理成为治理能力现代化的重要支撑，基于信用的管理模式全面推广；

数据价值深度挖掘，制定数据公开负面清单，"以公开为原则，不公开为例外"，打造浦东数据网站，发挥公共数据对市场运行、产业发展和学术研究的宝贵价值，依托大数据技术提升治理的科学化、精细化水平。

第三节 浦东行政体制改革的主要历程与经验

浦东开发开放是党中央、国务院在1990年作出的重大国家战略部署。30多年来，围绕城市形态开发、功能开发、综合配套改革、自贸试验区建设、"五个中心"核心区、引领区建设等重要使命和战略任务，浦东新区行政体制改革持续深入，为浦东开发开放提供了有力行政保障，逐步形成地方治理体系和治理能力现代化、国家级新区开发开放的"浦东经验"。

一、三大阶段

浦东新区行政体制改革，大致经历了浦东开发开放起步时期实施开发区管理体制（1990—2000年）、开发开放进入快车道时期实行一级政府管理体制（2000—2012年）及浦东开发开放承担新历史使命、实行自贸试验区管理体制，即浦东新区人民政府与自贸试验区管委会合署办公（2012年至今）的三个阶段。在这三个阶段中，浦东新区行政体制改革坚持以转变政府职能为核心，着力理顺政府与市场、社会之间的关系，推进政企分开、政社分开、政事分开、事企分开，简政放权，激发市场和社会活力；坚持以优化层级关系为核心，着力完善区级、开发区、街镇的职能定位，推动开发区聚焦经济发展、区域开发，推动街镇聚焦社会治理和公共服务主责主业，强化区级纵向横向协同协调；坚持以优化组织结构为重要手段，着力优化行政组织架构，搭建起精简高效的行政管理"四梁八柱"，建立"大部门制"的区级组织架构，探索各有特色的开发区（含自由贸易试验区片区，下同）架构，构建资源下沉、简约高效的基层治理体系；坚持以统一高效为基本原则，不断创新政府运行机制，持续推进放管服改革，深化行政审批制度改革。率先实行负面清单管理制度，率先试点"一业一证"改革，探索"六个双"综合监管机制，建立主动发现、智能预警、自动派单、管理闭环的新型监管方式，创新公共服务供给方式，广泛运用信息技术手段，建立健全数字政府建设运营管理体制，推进经济治理、社会治理、城市治理的数字化转型，建设"一网通办""一网统管"，提升行政管理效能。

二、五大经验

浦东的行政体制改革，贯穿浦东 30 多年来的开发开放全过程，主要经验有五个方面。

（一）始终坚持党的领导

浦东新区行政体制改革涉及体制、机制、职能、机构、人员等各个方面，都是在中央、市委、区委的坚强领导下，把坚持和加强党的全面领导作为统领，并切实落实各部门党组织的主体责任，确保改革有序推进、目标顺利实现。比如，不断加强区委"谋大事、抓大事、议大事"能力，对应中央、市委设置或调整设置深改委、依法治区委、财经委等十余个区委议事协调机构，由区委全面统筹谋划重点领域工作。

（二）始终坚持服务保障国家战略

浦东新区开发开放历程是一部承担国家战略的奋斗攻坚史。浦东新区行政体制改革始终以服务保障国家战略为使命，创新行政体制，为国家战略的顺利实施保驾护航。比如：在开发开放早期，为更快地推进城市形态和功能开发，浦东新区实行大部门制，相继建立四大开发公司、开发区管委会；2005 年，承担综合配套改革的重大任务，围绕力转变政府职能、着力转变经济发展方式、着力改变城乡二元结构等"三个着力"，探索功能区域管理体制，设立六大功能区域；2013 年，国务院在浦东新区设立中国第一个自贸试验区，逐步探索实行自贸区管委会和新区政府合署办公管理体制，将自贸试验区改革创新与地方一级政府高度融合等。

（三）始终坚持改革创新

浦东新区行政体制改革始终以改革创新为使命，始终坚持解放思想、实事求是、与时俱进，努力探索创新举措，为全国复制推广提供经验做法。比如：率先试点市场监管领域工商管理、质量监督、食品药品监督"三合一"改革，设立区市场监管局，统一负责市场主体管理和相关领域的监督工作；率先设立区知识产权局，作为独立的区政府工作部门，依法承担知识产权领域综合监管和行政执法事项。再如：在城市管理领域，率先推进政企分开、政事分开和事企分开，实行综合养护管理体制改革；在外商投资管理领域，率先建立负面清单管理制度；在招商引资领域，率先推进取消街道招商职能，推动街道回归社会服务和社会治理主责主业；在社会管理方面，率先探索镇管社区体制，构建"镇—社区—居民区/村"三级工作网络。

（四）始终坚持精简高效运行要求

浦东新区行政体制改革始终按照精简高效的要求，简政放权、转变政府职能，构建"大部门制"管理架构。比如：在组织、宣传和统战等领域，推进党政合署办公，将机构编制、老干部管理等归口到组织部，将文化、体育、旅游和精神文明建设等归口到宣传部，将涉台、涉侨事务归口到统战部等，实行"大组织、大宣传、大统战"管理体制；在执法领域推动综合执法体制改革，不仅由一个区级部门综合管理多支不同专业的执法队伍，也将执法事项进一步综合到一个部门。又如：浦东新区城管执法局执法事项综合度远高于其他区，已综合市容、水务、绿化、交通等19大领域1900余项执法事项，远多于其他区的500余项执法事项；在具体队伍设置上也体现高度综合，下设了交通（路上、水上交通）、土地（规划）、生态（水务）等执法队伍。

（五）始终坚持改革的系统性整体性

浦东新区行政体制改革，始终在党和国家发展的大局中进行顶层谋划，坚持"自上而下"改革与"自下而上"改革相呼应，坚持行政体制与其他专项改革整体推进，增强各方面改革措施的协调性、配套性和实效性。比如：坚持机构改革、放管服改革与数字政府建设等多方面改革的相互配套、相互支撑，设立并加强了区大数据中心；"六个双"综合监管改革中，在有审批事项的部门设立"综合监管处"，为明确监管职责、优化监管流程、创新监管方式提供体制保障。

回顾历史，浦东新区不少行政体制改革举措属于全国首创或率先试点，宝贵的探索实践得到党中央的高度认可，也为其他兄弟省区市的相关体制改革积累了经验。党和国家领导人每次来浦东新区调研时，都充分肯定自贸试验区建设、商事制度改革等诸多试点成绩。国家发改委在全国范围推广复制了浦东新区的300多项自贸试验区改革试点经验，2021年专门发文向全国推广借鉴浦东新区新推出改革集成、制度型开放、高效能治理三个方面25项51条新举措、新经验。

第四节　当前浦东行政体制存在的瓶颈制约

一、在政府、市场和社会关系边界方面

从事物发展的全过程、产业发展的全链条、企业发展的全生命周期来看，浦东新区在处理政府、市场和社会关系边界方面，仍存在一些与治理体系和治理方式现代化要求不适应之处，需要进一步加大改革力度，真正使市场在资源配置中起决定性作用，更好发挥政府作用。

（一）"准入前国民待遇＋负面清单"管理制度仍待持续优化

在中美经贸摩擦持续和新冠肺炎疫情蔓延未止的新形势下，中国仍要高举开放大旗，对标国际最高水平经贸规则，持续加大开放力度。相较于《全面与进步跨太平洋伙伴关系协定》（CPTPP）等高标准经贸协定和数字经济协定，浦东新区在"准入前国民待遇＋负面清单"、管理理念创新和体系构

建等方面，仍有较大改进空间，包括进一步缩短负面清单、探索数字贸易新模式、规范数字国境线、优化政府职能、深化国企改革等。

（二）服务企业发展全生命周期的商事登记制度改革仍需深化

以"一业一证"改革为标杆，浦东新区总体走在商事登记制度改革最前列，但在持续拓展行业新边界、合并行业同类项，以及压减各类"证"等方面，还存在亟待改革之处，影响了市场主体准入和准营步伐的进一步加快。同时，在市场主体发展的全生命周期的关键节点上，企业感受度仍不突出，比如在经营模式转变、主营业务拓展、pre-IPO融资、科创板上市、注册地迁移、简易注销登记等方面，迫切需要市场监管部门提供标准化、快捷和简便的服务，持续优化营商环境。

（三）服务产业链发展全链条的政策体制机制尚不健全

区域竞争本质上是产业竞争，围绕产业开展全链条全过程全生命周期产业服务是区域高质量发展的必然要求。在全球供应链、创新链和价值链深刻重构的背景下，叠加部分发达国家封锁、断供的因素，当前浦东新区服务保障全产业链发展的机制尚不健全，分行业做好"硬核"产业供应链战略设计和精准施策的能力仍待进一步提高。比如，集成电路产业"设计"和"制造"环节，生物医药产业的研发环节，不断面对美国的制裁和外部压力，面临产业链断供和企业运作停摆风险。此外，区域激烈竞争背景下，小部分优质企业外迁其他区甚至外省市的情形偶有发生，背后也折射出产业服务体系的不足。

（四）社会组织参与基层治理的广度和深度有待加强

通过政府职能转变，让渡发展空间，推进政社分开、政社合作，为社会组织发展提供资源支持，增强社会组织的自我发展能力，是浦东开发开放的宝贵经验，也形成了社会组织发展的浦东模式。但当前，相较于社会治理创新的更高要求，浦东新区的社会组织参与治理的广度和深度还不足，具有浦东标识和品牌效应的社会组织仍不多，新时代政社合作关系新思路仍待拓展,在创新社会治理、加强基层建设方面尚需进一步加大支持力度,以形成更为多元的组织方式和管理策略。

二、在区级政府机构配置方面

开发开放30多年来,在国家的战略框架中,浦东的具体定位和任务承载丰富多元且迭代升级,融合了国家级新区、直辖市的行政区、综合配套改革试验区、自贸试验区和引领区等多重角色。这在客观上要求相应的政府组织架构匹配,形成具有浦东特点的部门设置体系。

(一)大改革、大开放、大创新机构设置有待优化,部门配置改革、开放、创新等职能仍有不足,职能分散和重叠仍较多

职能配置和机构设置方面,浦东新区区级职能部门及其机构设置有两种方式。一种是采取单个区级部门对应多个市级部门的设置方式,这种方式优点在于准确落实工作部门,缺点在于工作边界和壁垒明显,一些需要多部门协同开展的工作,协调周期和难度较大。另一种是按照流程板块设置,优点在于工作开展的专业性和高效性,能快速响应市场主体需求,但缺点在于对上落实工作部门模糊,个别情况下不同时期、不同机构处室忙闲不均。这两种传统模式仍然强调"对上""对内",但推进引领区建设更强调"对任务""对战略"。需要在部分部门的机构设置上更富有灵活性和针对性,体现有利于改革推进和战略承载的框架体系。

(二)事业单位改革亟待深化,事业单位与机关的事权需进一步明确,引领区建设要求更为灵活的管理方式

浦东新区的事业单位,曾经是"小政府"的"大地基",有力支持了浦东新区在人员编制总量控制下各项职能的行使。比如,东方艺术中心、浦东美术馆并未采用事业单位管理的传统模式,仍取得社会意义上的成功。近些年,浦东新区跟随全国步伐,持续开展了区层面的事业单位改革,产生了较显著的效应和良好的社会反响,但在人员统筹使用机制、激励机制和人员晋

升流动等方面仍存在深化改革的空间。比如，区级部门中较为普遍存在的"1个处对应1个事业单位"的配置，以及机关公务员与事业单位工作人员"混岗"开展同类任务，工作量相当，但现行薪酬体系中的事业单位人员收入低于机关公务员，一定程度加剧了事业单位年轻人流动过快和年龄断档现象，导致一些事业单位的主要工作高度依赖有10年以上年限的中层干部加班加点，不利于工作的持续推进。

（三）法定机构、新型研发机构等创新探索有待强化

以陆家嘴金融城发展局为代表的"法定机构"实践，在取得成绩的同时，也面临一些发展中的问题。比如，如何处理与区金融局、与陆家嘴集团的关系，有待进一步破题。以投资主体多元化、管理制度现代化、运行机制市场化、用人机制灵活为特征的新型研发机构，也面临"成长的烦恼"，往往以政府主导建设为主，社会力量参与投入不多，体制刚性约束仍较大，对财政资金依赖程度较高，而且操作层面的机构认定、发展引导和成果评估等路径仍待明确，一大批新型研发机构实际上缺乏法定身份。同时，有些机构包打天下，无法凸显功能特长，却干扰科技服务市场秩序；有些机构重研发、轻服务，不能很好地带动地方产业发展；有些机构"项目化"思维过重，开放性、协同创新性和市场化意识不强，尚无法有效自主运营。

三、在政府运作流程方面

政府数据产生于政府治理过程，但碍于客观历史因素、政府科层制的影响，在实现政府数字化转型、政府智慧治理之前，首要解决政府数据"孤岛"问题，这个"孤岛"既有政府部门之间的信息"小孤岛"，也有政府相对整个社会的信息"大孤岛"。这一大一小两个"孤岛"的现象，普遍存在于包括浦东新区在内的绝大多数地方政府之中，也制约数字孪生政府的生长发育。

（一）数字化转型的政府再造效应尚未全面显现，更多集中于政务服务和办事领域，政府内部的数据归集和共享仍未全面实现，数字化工作模块和系统建设滞后

浦东新区早在 2018 年前后即在区政府办公室内设了电子政务处，成立了事业单位区大数据中心，统筹全区信息化建设工作，各职能部门则分别负责应用场景建设。目前，数字政府的规划职能在区科经委，建设工作在大数据中心，应用则在各部门，对应的审批和政务平台实现了物理整合，经济、社会和城市治理三大平台则汇集了各部门的子平台，但尚未以统一的技术标准真正融合打通各子平台，底层的政务数据也并未完全实现共享共用。此外，还有海关、公安、金融监管等多个部门的业务流程因垂直管理或上级有关规定，而无法整合到平台，数据共享困难。这种状况不利于政府的数字化转型推进，也不利于数字平台深度整合并发挥效用。

（二）运作流程全链条再造有待加速，与行政审批改革的持续深化相比，监管环节的职能和流程调整相对滞后，全流程重塑的改革成效有待进一步放大

按照现代行政管理流程，审批及后续监管应相对集中，这样既能避免监管部门不专业现象，也能达到监管措施的及时性和有效性。为此，浦东新区在 2019 年就推动部门行政审批处与综合监管处的融合统一。推行以来，总体评价较为正面，但若行政审批权较为分散、审批事项较多且专业，单一的内设部门将审批与监管融合的难度较大。比如，区市场监管局的综合监管职能在注册许可分局，但局机关有近 10 个部门承担价格、质检、食品等多个领域的审批职能，注册许可分局作为区市场监管局的内设机构，要监管同级别的其他内设机构的审批事项，不完全专业且监管时效较长、工作量较大，无法真正实现审批与监管的融合统一。

（三）城运中心、大数据中心等机构与政府日常运行仍需有机衔接

城运中心、大数据中心等平台类型机构的主要功能，体现在通过统一的入口汇集各相关部门事项和信息，用统一的标准处理和优化流程，再以个性化的出口端提供职能部门需要的信息。但当前突出体现的问题在于：各监管部门、执法部门通过派驻方式进驻城运中心，城运中心建设成为各部门协同处置应急突发事件的平台，功能上主要是城市治理信息的收集和派单平台；大数据中心的定位也有待进一步明晰，与区科经委规划职能存在一定重叠；企业服务中心的"一窗通办"，在诸多事项上也局限为"一窗受理"，仍有大量审批人员按原有流程在后台审批；等等。这些现象背后的根本原因是应急管理、数字治理、审批服务职能分散在各部门，职能的刚性切分影响了数据无障碍传递分享和突发事件的应对处置时效；且大数据中心、企业服务中心、城运中心的主管部门分属区政府办公室、区应急管理局，无形中增加了数据流动成本和难度；而各部门重使用、轻规划的惯性思维，导致信息化建设和数据使用各自为政，形成信息"烟囱""孤岛"现象。

四、在开发区管理机构职能配置及周边协同机制方面

开发区管理机构主责主业聚焦行政审批、经济发展和区域规划，但实践中不时出现审批管理职能和招商推进职能"两不靠"现象，个别开发区管理机构成了任务落实和企业诉求的"二传手"。各街镇与开发区之间还需要进一步完善高效、良性的互动发展机制。

（一）开发区职能定位需更为清晰明确，与相关区级部门在权限配置、要素调配和决策程序等方面的关系有待进一步厘清

开发区一线冲锋的保障尚待升级，与市内其他开发区域迅猛发展态势相比较，竞争优势面临衰减挑战。浦东新区区域内有保税区、度假区、陆家嘴、金桥、张江、世博以及临港等多个重点开发区域，其中，市属有4个，区属仅陆家嘴、金桥和世博区域。这些园区因不同发展定位，开发事权也存在明显差别。市级部门下沉给4个市属机构事权较为充分，3个区属机构不直接对接市级部门，承接事权相对较少，惠商优势不明显。在区内的财政扶

持资金使用方面，也因财政管理制度而授权不充分。

（二）开发区与周边街镇联动仍有障碍，区域发展和治理的合力尚需凝聚

就职能定位而言，开发区专注行政审批、经济发展和区域规划，与开发区有重合或地理相邻的街镇则承担辖区内的"三公"事务。开发开放30多年来，管镇关系经历了多轮演变，几经反复，目前的管镇职能划分框架尚无法彻底解决实际运行中的部分协调难题，协调和裁定机制不健全，现有管镇联动模式面临开发区规划空间调整、事权承接增加的新挑战。张江和金桥的管镇联动试点已有五六年时间，应及时总结和优化。临港、保税区、度假区、世博在发展定位、事权多寡、区域联动方面又各有不同。如何在一定层面形成区域发展的合力，在规划、发展、城市、民生形成合理分工和有效统筹的格局，仍需加速探索。此外，区域内开发公司的功能作用有待进一步发挥，从而推动国有企业从资产、资金、人员上承担区域发展的更大责任，深耕浦东主战场、当好主力军。

（三）镇域发展的体制机制束缚有待破除

面对高质量发展要求，镇级发展面临财权事权失衡隐忧，镇级统筹能力有所弱化，招商引资促发展的体制机制有待优化。浦东新区24个镇从北到南，发展阶段各异，城乡面貌差别很大。虽然同为一级财政，财力、集体资产的差距却很大。镇级面临的上级管理总体趋于强化，特别是统筹核心发展权、下沉区域管理权改革后，镇需要重新平衡区域经济发展和社会管理重心，但对镇的考核则尚未完全跟上，镇作为一级财政的支撑也没有改变，因此仍需要解决镇一级经济发展和社会管理职能如何统筹的问题。

五、在编制资源的规模、能级与统筹水平方面

党中央、国务院支持浦东引领区建设意见出台后，市委、区委依次出台贯彻落实意见或方案，事项下沉充分，将任务分解到各职能部门。据统计：

市级层面分解280项措施任务到49个市级或中央驻沪机构，平均每个部门落实5.7项；区级层面分解450项措施任务到34个区级职能部门或开发区，平均每个部门落实13.2项。这从一个侧面反映出，无论是落实引领区工作推进和考核督办，还是开展经济、社会和城市治理的本职工作，相比市级机构和兄弟区的机构设置，浦东新区职能部门设置和总体人员力量是偏紧的。

（一）编制规模与经济社会发展动态匹配的机制尚未形成

机构编制作为重要的政治资源，总量是有限的，但应当与社会生产力水平、社会管理成本等因素同步变化。30多年来，浦东管理幅度、城市面貌、经济总量、人口规模发生了翻天覆地的变化，但负责公共管理的各类机构和编制资源却没有随之动态变化。一方面，编制调整中对浦东新区改革攻坚和战略承载因素考量尚不充分，浦东新区承担着越来越多的国家战略，工作任务日趋繁重，新经济、新业态、新型社会组织持续涌现，高端人才持续集聚，浦东接触到的各类新情况都需要各级干部提升知识和能力去闯滩登陆；另一方面，从行政和事业编制资源管理上看，编制调整的节奏和力度与浦东新区履行使命的任务周期存在一定脱节，特别是与战略任务相适应的编制动态调整机制还不足，严管和用活之间的平衡还不够。

（二）编制管理的灵活度还不高，分类管理的刚性过强

从编制的结构看，浦东新区依然存在着统筹使用各类编制资源的短板。作为全国改革开放的窗口，浦东新区在编制的内部调整上应当有创新举措的，但由于机构编制按类型管理使用的刚性规定，导致过于倚重行政编制，编制使用效率最大化效应仍待释放，体制内资源潜力尚未充分挖掘。特别是对街镇来说，编外人员实际上大大缓解了基层行政、事业编制短缺的问题，但编外人员这样一个机制能否在区级部门乃至开发区推广，或以什么名义推广，是否能够承担具体行政事务，仍待考虑。

（三）人力资源专业化水平有待提升

浦东新区作为对外开放的窗口，承担了繁重复杂的对外招商引资和合

作交流任务，既要与世界五百强对话，学习对标 CPTPP 和 RCEP 的最新规则，也要与不同领域全世界领先的"独角兽""隐形冠军"等创新型企业打交道，都需要专业化水平。因此，应顺时应势，紧跟时代发展步伐，以适应现代产业和社会发展趋势的管理模式开展人力资源管理，强化专业领域的专业干部配备。

（四）人员激励尚不充分

薪酬分配影响着人力资源的合理配置与使用，一定程度上也决定了工作效率。作为"五个中心"核心区，浦东新区应当在薪酬管理制度积极探索，努力构建与经济发展水平相适应的薪酬制度体系。一方面，与深圳特区、苏州工业园等相似的区域相比，与上海周边比如苏南、浙北区域相比，浦东新区干部队伍的薪酬待遇相对不高，可能会在一定程度上影响改革攻坚的动力。另一方面，在绩效考核上仍然存在"吃大锅饭"的现象，根据编制来定收入，根据年限来定收入，年度考核结果的权重在收入分配上的利用和工资总额的占比上都有待进一步提升。

此外，浦东新区虽然承担自贸试验区、引领区建设等使命，但仍是一个市辖区，除改革创新任务外，经济发展、社会治理、城市管理和民生保障等事项并不少于其他市辖区。然而，在机构设置方面，其他市辖区党政机构设置限额是 45 个左右，浦东新区仅为 32 个；编制配备方面，虽然浦东编制规模总量较大，但在编制万人配比方面，行政加事业编制的万人比是 37 名/万人，浦东新区的编制万人配比仍处于全市末端。

第五节　浦东新区新一轮行政体制改革的目标、原则和思路

一、主要目标

通过几年的努力，浦东新区政府职能边界更加清晰、纵横向权责更加协同、机构设置更加科学、编制资源统筹机制更加完善、战略赋能支撑效应更

加凸显,"开放导向、机构弹性、多元复合、科技赋能、法治保障"的战略驱动型整体式行政体制持续优化,努力建成为政府职能转变先行区、编制改革试点区,率先打造"党建领航、人民至上、智敏高效、积极有为"的现代政府,加速提升政府治理体系和治理能力现代化水平,真正成为与社会主义现代化建设引领区定位相适应和匹配的整体治理引领样板。

二、基本原则

(一)坚持发展导向

深刻领会中央对浦东引领区定位的精神实质,始终把发展放在中心位置,统筹发展、治理和服务等多重职能,把是否促进区域发展、特殊功能打造和引领全局作为评判行政体制的核心标尺。

(二)坚持以改革促引领

超越简单的线性思维,不做简单修修补补和拾遗补阙,用改革的理念、系统集成的方式,全面优化政府职能边界、机构设置、运作流程和人力资源配置,推动一级地方政府行政体制的整体效能提升。

(三)坚持因地制宜

不盲目对标普通市辖区,注重浦东新区自身的特殊性开展体制机制设计。立足浦东新区内部构成多样、生产力布局特点鲜明的实际,不搞一刀切,精细化、精准化设计不同区域的管理体制机制,释放每个区域的最大发展潜力。

三、主要思路

以习近平新时代中国特色社会主义思想为指引,深入贯彻党的十九大和历次全会精神,全面落实《中共中央 国务院关于支持浦东新区高水平改革开放打造社会主义现代化建设引领区的意见》,以及市、区两级行动方案和实施方案,以推动和保障引领区建设为主题,以综合改革试点为抓手,以改革创新为根本动力，以"政府职能、机构、流程、人力资源"系统集成优化为主线，聚焦"有为政府、有效市场和有序社会的整合，发展逻辑、治理逻辑和服务逻辑的耦合，职能调整、机构重构和流程优化的结合，做强开发区、做优委办局和做实基层的统合"，推动浦东新区行政体制更富活力、更有效能、更加优化、更可持续，形成战略驱动型整体性治理的强大体制合力。

第六节 引领区背景下浦东新区行政体制改革十大行动计划

一、开发区一线增能计划

开发区是浦东新区经济发展和功能塑造的主空间，打造浦东引领区必须全面激发开发区的发展动能，这就要求开发区及其相关的行政体制进一步为经济发展赋权和增能。

（一）坚持一区域一策，优化区域开发管理体制机制

为开发区按照区域发展阶段、主导功能设置、产业规划方向和市场主体需求，量身定制机构设置方式、人员配备形式和薪酬考核体系等。对于事权下放充分、审批服务流程明晰、建成度高的区域，逐步采取市场主体协商自治、政府后台服务保障的治理模式，以符合产业规划并兼顾市场规律的方式持续保持园区可持续发展；对于尚处建设起步阶段、产业集聚度不高的区域，采取管理局（管委会）模式，重点聚焦事权下放和惠商政策下沉、引导产业链条落地、协调周边区域配套建设等职责，以行政管理手段强力推动开发区长远规划和产业布局，建立和完善全产业链和企业全生命周期管理服务机制。

（二）坚持全面赋能开发区

围绕功能承载和效能提升，制定事权下放负面清单，推动市、区两级权限应放尽放。以开发区增能实现全域特殊经济功能区定位，建立临港新片

区、海关特殊监管区域部分政策全域推广机制，科学评估、精准配置、快速落地，赋予浦东新区各主要开发区更大发展权限和空间，确保竞争力持续提升，可参照《上海外高桥保税区条例》明确管理机构地位、职责、事权和管理边界的做法，适时通过浦东新区法规立法，将其他开发区的有关事项法定化。

（三）坚持因地制宜划分开发区管理机构与街镇的职能

开发区管委会聚焦推动规划实施、促进经济发展等主责主业，街镇聚焦属地社会治理、促进经济发展职能。按照区域封闭—开放管理类型分类，采取不同的方式划分管理机构与街镇的职能边界。针对开发区区域与街镇物理边界清晰，且开发区内均为市场主体的封闭区域，如保税区、度假区等，管理机构的职能主要是园区建设、招商引资、市场主体服务等，以及区内市容、治安、交通等部分城市管理职能；周边街镇则以区域边界为界，配合开发区推动住房、学校、医院和商圈等公共配套建设和管理。针对开发区区域仅存在规划边界而无明确物理边界，开发区区域与街镇行政区域高度重叠的地区，如陆家嘴、世博区域等，则根据实际情况合理划分职能边界。对管理局与属地街镇事权切分事宜建章立制，并制定实施细则，避免职责不清、管理真空等问题。

（四）坚持以党建促区域协同

借鉴临港新片区党工委运作模式，进一步完善以开发区管理机构党组织为核心、属地街镇党（工）委参与决策的议事平台，平台可逐步覆盖开发公司、企业代表等主体，完善抓大事、议大事的经济发展协调决策机制，制定决策事项清单，明确决策机制，形成区域发展和治理的合力。同时，可探索建立街镇党群服务中心与管理局（管委会）经济发展促进中心联动机制，将党群服务延伸到开发区，将企业服务、党群服务工作有机结合、互相促进。

二、街镇强基计划

充分发挥街镇在新型城镇化、城乡一体化和城市治理现代化中的重要作用，强化街镇发展的综合支撑。

（一）夯实物质保障

按照事权财权统一、责权利一致原则，在财力分配上，给予镇一级更大力度的倾斜，进一步推动管理和服务资源下沉。

（二）继续规范基本管理单元运行

优化基本管理单元设置，更好发挥小平台、大治理的作用。对于民生服务类事项，镇级部门可通过授权或在社区增设服务受理、审批窗口或分中心的方式，将服务平台尽可能延伸至大型社区；针对城市管理类执法事项，可以从区级、镇级执法队伍总数内，根据社区人口密度倾斜分配执法人员数。对于前述两事项涉及的机构和队伍，在具备条件的区域，明确镇可以授权基本管理单元社区党委进行管理。

（三）完善街镇和区级部门在拉条管理干部考核任命方面的沟通机制，赋予街镇一线更大权限

针对目前区级层面拉条管理公安、司法、市场监管、土地等条线派驻机构，除法律法规明确要求拉条管理的，探索街镇对区级派出机构的事项考核机制，即干部管理考核仍在区级部门，街镇与区级部门形成事项考核机制，对每年派出机构需要完成的事项、指标形成清单化、量化考核指标并打分反馈区级部门。

（四）推进街镇"一支队伍管执法"

适应城市治理数字化转型和精细化管理要求，加大执法力量整合力度。持续探索执法事项集中，充分利用浦东新区法规立法授权，明确在街镇层面多支执法队伍的执法事项，对外逐渐过渡到一枚公章管执法，对内按事项清单明确执法事项实施和责任主体；通过执法培训、培训手册等方式，打破专业壁垒，提升执法队伍的综合执法能力。在此基础上，逐步实现队伍整合，鉴于前期城市管理、土地、生态等已实现综合执法改革，下一步可逐渐扩展到农业、文化执法领域综合执法。

三、编制动态评估和统筹优化计划

加大市、区统筹力度,完善编制领域的顶层设计,推动相关改革试点。

(一)科学开展编制评估

在引领区和综合性改革试点定期评估中,引入机构编制评估专项内容,将机构编制使用效益评估纳入浦东新区引领创新的顶层设计中。探索通过引入社会评估机构、网上意见征集等方式,重点开展区级机关、事业单位、执法队伍、开发区管理机构的行政效能评估,建立行政效能与机构编制匹配模型,为机构设置、编制配备提供科学、客观依据。

(二)加强全市统筹和支持浦东新区的力度

围绕支持浦东引领区建设,以构建服务型政府、提升优质均等公共服务供给能力为契机,聚焦人口变化、城乡发展等动态因素,构建完善市级编制资源统筹和倾斜机制,特别是对下沉浦东新区的市级事权,建立事权—编制测算和分配模型,确保下沉事权接得住、接得好。

(三)争取进行专项改革试点

全力争取中央层面支持,在浦东新区率先开展适应新发展阶段和新发展格局的"编制改革"综合试点,通过市、区推动引领区建设领导机制,召集人社、财政等市级和区级部门,在编制使用与部门经费、人员薪酬等方面做好顶层设计,并授权浦东新区机构编制改革创新试点。

四、编制活化计划

多措并举,全面激活现有编制资源潜力,充实引领区建设"先锋队"力量。

(一)开展"定编定额"探索

选取1—2个职责任务明确、职能任务可量化的区级部门、管理局(管委会)或街镇,开展"定编定额"探索,试点单位可在限额内自主使用人员编制、自主设置内设机构，报机构编制部门备案，力求职能履行、效能提升和激励有效的有机结合。

（二）推动跨编制置换调剂

允许在工资、经费总额控制情况下，灵活置换事业编制等其他编制类型，满足实际用人需求。比如，参公编制和事业编制在实际登记使用时是同一类编制，可探索在同一个部门的参公、事业编制总量内，根据重点工作情况转换编制比例使用。探索成熟后，可逐步推广到在全区编制总量库中实践。

（三）构建人力资源衔接体系

引入现代人力资源管理理念，建立完善岗位说明书制度，将各类单位的考核性、指标性、事务性工作量化描述并科学分配，明确各岗位职责、事项和所需人员力量等，进一步打通行政机关、事业单位、国有企业和村居等不同类型的人力资源衔接体系。参考贵州做法，可先行在部分开发区探索"三分离"人事和薪酬制度（即干部编内任职与岗位聘岗相分离、档案工资与开发区薪酬相分离、干部人事档案管理与合同聘任管理相分离），并配套聘任制、考核制、年薪制、协议工资制等多种用人分配制度。

五、机构调设计划

机构是职能的载体，在开发开放以来多轮机构改革探索的基础上，适应引领区建设需要，浦东新区应着力开展四方面的优化调整。

（一）优化改革等关键职能部门的配置

重点是将分散在区级不同部门的引领区建设、综合改革试点等改革相关职能，归集到一个部门，提高改革的系统集成性。有成功经验后，可逐步对创新和开放等领域进行相应的优化调整。

（二）深化事业单位改革

立足全局功能需要，全面推行单位章程制度、事权清单制度，对重点领域分类施策：针对公办学校，可参照机关试点情况，探索"定编定额"模式，核定事业编制、管理专技岗位、编外额度总量，允许学校根据需要自主招录所需教师教辅等人员加大学校用编自主权；针对场馆类事业单位，通过章程和事权清单，明确市场化项目和公益项目比例，市场化项目引入企业运营，公益项目逐渐由区文体旅游局所属事业单位统筹管理，各场馆类事业单位逐步撤销建制；针对辅助机关承担行业管理职能的事业单位，如检验检测、产业服务等机构，逐步从辅助机关开展行政管理事务，向制定和管理标准、产业服务主责主业聚焦，管住制定标准、市场效果两头，为市场机制推动行业发展松绑。

（三）有序推进法定机构实践

全面总结和评估陆家嘴法定机构的实践，适时在金融服务、企业服务、招商引资、经贸发展和决策咨询等专业性和技术性较强的领域，以及重点发展区域，选择相关政府部门或事业单位，依托浦东新区法规立法权限，探索试点"职责法定＋企业化运作"的法定机构组织形式，提升浦东战略任务承载的效率和水平。

（四）探索新型研发机构运行模式

广泛借鉴国内外研发机构改革新探索，聚焦投入高、产出不确定的功能型，以及面向成果转化的平台型两大类，推动在浦东新区布局和新设一批新型研发机构，鼓励和引导浦东新区内的大院大所整体或部分向新型研发机构转型，支持新型研发机构实施依章程管理、综合预算管理和绩效评价为基础的管理模式，并争取通过地方立法形式予以规范。

六、流程优化计划

立足"放管服"改革的丰富实践和数字化转型的深刻变革，加大政府流程的优化力度，打造更为智敏高效的政府内部运作流程。

（一）探索数字化转型下的职能、机构和人员等优化方案

参照市级模式，在区委、区政府层面成立数字化转型工作领导小组，统

筹数字化转型工作；在区级部门层面明确牵头统筹数字产业规划、政府电子政务、政府数据信息市场化利用的工作部门，把好数字的规划、入口和出口关。同时，在政府数字化转型方面，明确一个牵头抓总的部门，重塑和优化应用场景、监管平台和行政审批服务前台、后台运行流程，推动企业服务中心、城运中心、大数据中心有机融入政府运行体系。

（二）释放"一网通办""一网统管"和"一业一证"改革的流程再造效应

协同放权、放管衔接、联动服务，在深化行政审批制度改革的同时，更加重视"管"的提升，强化实施跨领域跨部门综合执法，解决行政审批、监管、执法越位错位缺位和协调联动难题。

七、"工作专班"计划

针对引领区和综合改革试点繁重的改革攻坚任务，创新设计"包干制"创新架构，确保各项改革事项都有最强、最优力量配备。

（一）合理运用企业矩阵组织结构模式

围绕引领区攻坚任务，根据需要跨部门、层级和编制渠道抽调人员，组建阶段性工作专班，特种兵定位、军团化作战，在党组织关系、薪酬管理等方面，创新现有管理模式，匹配一定的综合考核和激励标准，纳入工作考核和干部履历。

（二）试点"揭榜挂帅"机制

挑选部分改革事项，鼓励干部个人跨部门组建团队积极揭榜，经评审确定后，形成专班攻坚，签订责任状，在规定时限内完成任务，根据贡献给予个人或团队相应激励。

八、多元参与计划

构建多元主体参与的现代治理体制机制，形成以浦东新区区级政府为纽带，央地、市一区、政企和政社等协同发力的引领区建设格局。

（一）建立市级支持下的央地协同机制

完善中央驻沪机构、央企上海总部、市级和区级部门联络机制，借助联络机制建立央地交流平台或定期开展国家级新区论坛，邀请中央部门来浦东新区指导引领区建设，组织各国家级新区、自贸试验区（港）等来浦东新区交流经验，助推引领区改革发展新思维、新路径在浦东新区加速落地。

（二）制定市场主体、社会组织和群众参与政府决策或运作的浦东方案

在决策层面，根据不同决策事项，可由市政府参事、驻浦东知名企业负责人、行业领军人物和群众代表等参与决策过程；在运行层面，完善和巩固人民监督机制和第三方评估机制。完善移动端渠道，鼓励群众以数字化方式"掌上"参与政府治理。

（三）深化社会组织改革

借鉴行政审批制度改革经验，构建"正面清单＋综合监管＋精准服务"的社会组织管理服务体系，形成一批与浦东新区地位相匹配、浦东标签突出的品牌社会组织；以更大力度支持社会组织参与基层社会治理，参照浦东新区"中介集市"创新，打造"社会供给集市"模式，量化服务事项并在平台上公开招投标，打造规范、竞争和公开的运行环境，提升社会组织服务"网购化"体验。

（四）鼓励政府内外部交流

推出商协会、社会组织和政府部门的双向交流计划，增进彼此了解，促进治理效能提升。拓展政府工作人员到企业挂职锻炼范围，可逐步从国有企业拓宽到民营企业、外资企业等，了解和紧跟国内外经济发展趋势。

九、素质提升计划

站在引领区建设的高度，始终重视干部队伍综合素养和专业能力建设。

（一）实施干部"引领力提升计划"

围绕引领区重点任务，设置专项干部培训课程，构建更富实效更加实战的培训体系，适当提高干部培训的经费比例和标准。

（二）加大专业干部培养和使用力度

在引领区任务较重的创新、开放和改革等领域，多元运用"调、挂、派"等多种方式，积极引入高校院所、企业集团的专业人才，在出国考察和挂职锻炼等方面向相关部门倾斜。

（三）广纳海内外英才

借鉴浦东开发开放之初的全国招考做法，立足"五湖四海、源头活水"，面向全市乃至全国，不定期开展"建功引领区"干部选拔招考。

（四）推行"后浪成长计划"

科学系统加强年轻干部的思想淬炼、政治历练、实践锻炼、专业训练，打造更多可堪大用、能担重任的栋梁之材。

十、法治领航计划

依据党的十九届四中全会所提出的"推进机构、职能、权限、程序、责任法定化"，在《中国共产党机构编制工作条例》框架下，率先探索行政体制改革领域的法治化实现路径，加速推进法治化进程，重点做好三个"围绕"。

（一）围绕直辖市的行政区定位

逐步建立和完善具有浦东新区特点，兼具示范价值的直辖市的行政区机构编制管理标准、程序、责任等相关法规体系。

（二）围绕行政管理新趋势

对具有法规突破性和实践价值性的，如新型研发机构和法定机构等新载体、市场准营承诺即入制等新制度，及时开展立法，明确定位、管理办法和细则等，便于从根本上解决推广中的法律障碍，加速改革进程。

（三）围绕浦东新区法规制定

在市、区两级层面，建立健全保障浦东新区法规制定和实施的行政体制机制，形成"立好法、用好法"的体制合力和机制活力，并相应深化浦东新区法治政府建设，确保政府始终在法治轨道上运行。

附 录

在沪跨国公司对浦东打造社会主义现代化建设引领区的评价和相关建议

跨国公司是浦东打造社会主义现代化建设引领区、开启新一轮改革开放和创新发展的重要力量。为了更好把握跨国公司的态度和诉求，2021年，上海市政府决策咨询研究重点课题"浦东新区打造社会主义现代化建设引领区的推进路径研究"课题组，在浦东外商投资企业协会的支持下，选取了103家位于浦东的跨国公司地区总部开展关于"跨国公司眼中的浦东引领区建设"问卷调查，并进行了座谈和访谈。

一、在沪跨国公司对浦东打造社会主义现代化引领区给予高度关注和肯定评价

《中共中央国务院关于支持浦东新区高水平改革开放打造社会主义现代化建设引领区的意见》[1]正式发布，跨国公司普遍认为引领区打造将成为浦东乃至上海发展新的里程碑，在沪发展信心受到极大鼓舞。

（一）引领区文件引发广泛关注和高度认可

调查数据显示，高达95%的被访公司地区总部关注引领区文件，非常关注的比重达七成。不仅是在浦东的地区总部，引领区的热度也上延伸到跨国公司全球总部，超过七成（72%）被访公司全球总部给予了关注，

---

[1] 下文简称引领区文件。

74.32%的被访公司及其全球总部给予高度评价。对比深圳先行示范区和海南自由贸易港方案的政策力度，29.41%被访公司认为引领区文件全面领先，42.16%的公司认为三者各有特色。此外，69.61%的被访公司认为企业发展将受益，会迎来许多发展机遇。

（二）跨国公司对打造引领区充满信心与期待

调查显示，被访公司及其全球总部一致看好浦东能真正建成社会主义现代化建设引领区（见图1）。关于真正建成引领区的时间，45.1%的被访公司认为引领区已经初具雏形，"十四五"末期或更早就可以建成，另有48.04%则认为还需要10年左右时间。基于对引领区的看好，所有被访公司高管都愿意主动推介引领区，选择会向周围朋友推荐的高管达52.94%，预示着引领区将能汇聚更多全球优质要素。

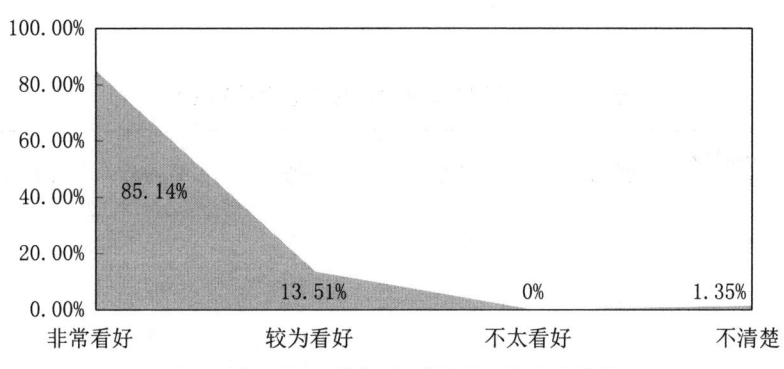

图1 被访公司对浦东打造引领区的总体预期

同时，86.27%的被访公司认为，通过引领区打造，浦东有可能通过5年左右时间，在核心功能上比肩香港和新加坡（见图2）。受"全球资源配置的功能高地"定位的鼓励，85.22%的被访公司有意愿发展更高能级总部经济，其中58.8%的公司有强烈意愿。

（三）跨国公司认为浦东打造引领区具备坚实基础

被访公司认为浦东具有打造引领区的综合性优势，包括高效便捷的营商环境、独特的区位优势、人才聚集优势和深厚的经济规模基础，对建设

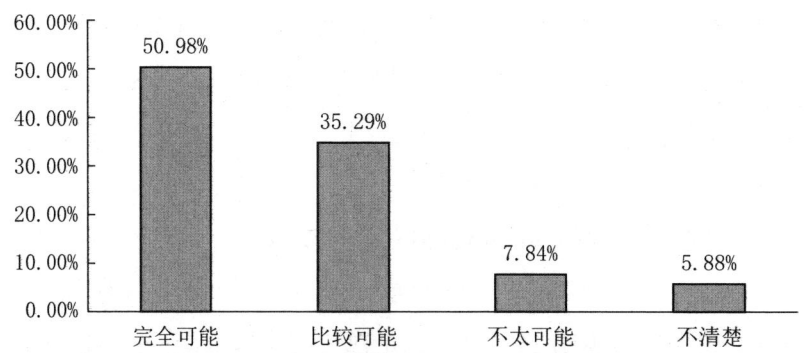

图 2 被访公司对 5 年内浦东在功能上比肩香港和新加坡的预期

国际金融、消费、航运、科创和贸易中心五个中心的现有基础表示认可，总体满意度均在九成上下（见表1）。但同时也要看到，五个中心"很满意"占比均小于或不高于"满意"，特别是国际消费中心的建设尚待全面发力。

表 1 被访公司对浦东功能性中心建设的评价

满意度 类别	很满意	满意	一般	不满意	很不满意
国际金融中心	45.1%	50%	4.9%	0%	0%
国际消费中心	38.24%	50%	11.76%	0%	0%
国际航运中心	41.18%	52.94%	5.88%	0%	0%
国际科创中心	40.2%	47.06%	12.75%	0%	0%
国际贸易中心	47.06%	47.06%	5.88%	0%	0%

（四）跨国公司高度评价浦东的改革创新进展

近年来浦东的锐意改革和制度创新，让浦东始终处于改革开放的最前列。被访公司对这些重要举措普遍高度评价，"两网建设""负面清单缩短""一业一证"改革、人才支持政策、国际贸易便利化等位列前五（见图3）。

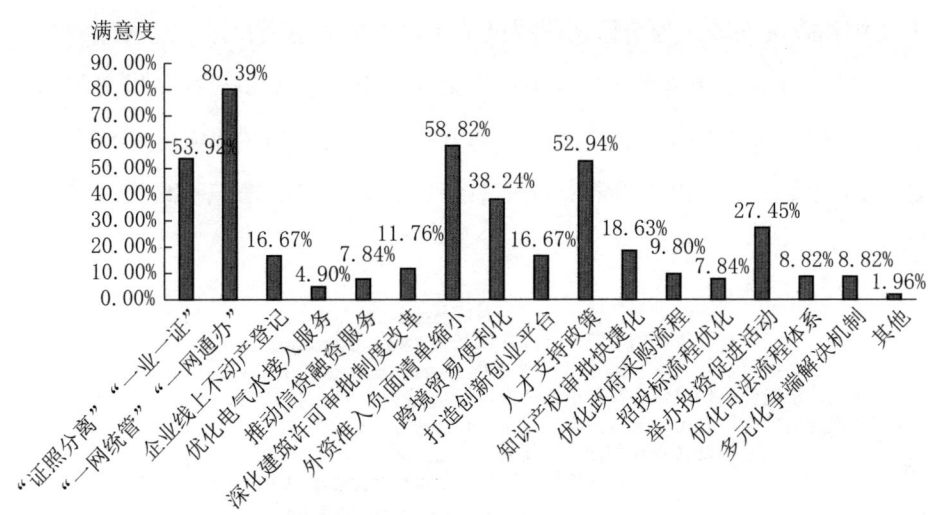

图3　被访公司对浦东近年来改革创新的满意度评价

二、跨国公司对打造社会主义现代化建设引领区的主要关注点

总体而言，作为对国际通行规则感受度最高的市场主体，跨国公司认为浦东发挥引领作用应聚焦于制度型开放和创新发展（见图4）。

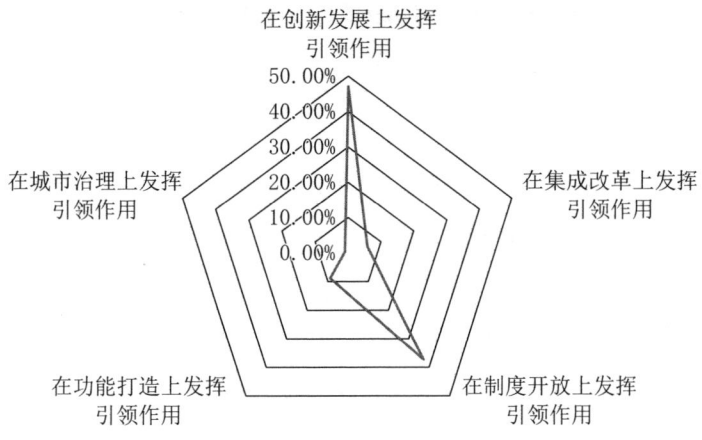

图4　被访公司对浦东发挥引领作用领域的认识

（一）跨国公司高度关注全方位开放的政策落地

超过70%的被访公司认为扩大开放为外资企业本地化战略提供了强有

力支撑和政策保障，为全球企业提供了新兴市场的巨大机遇。在具体政策方面，"放开专业领域境外人才从业配套政策"和"探索适应境外投资和离岸业务发展的税收政策"最为跨国公司所关注，其次是"探索试点自由贸易账户的税收安排"和"探索支持浦东企业服务出口的增值税政策"等（见图5）。

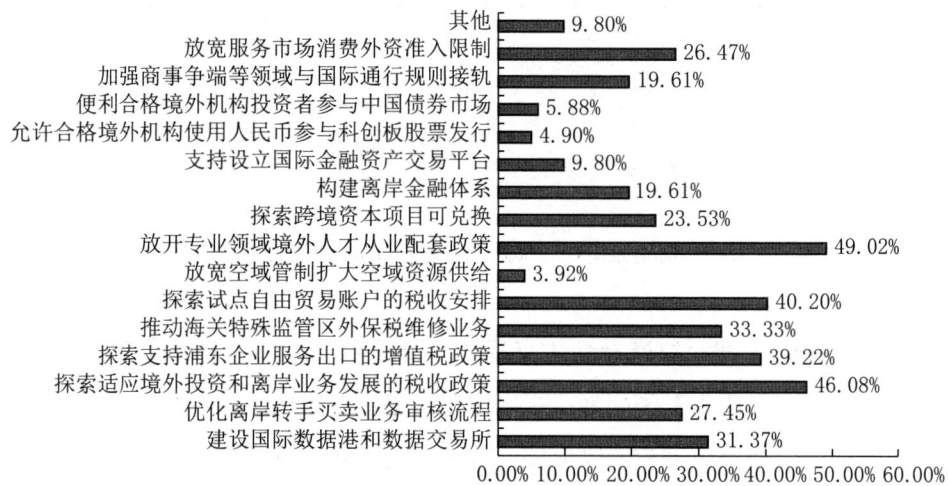

图5　被访公司对引领区文件开放举措的关注情况

（二）跨国公司拥抱创新发展意愿强烈

响应引领区文件提出的"自主创新发展的时代标杆"，55.88%的被访公司有强烈意愿拓展创新功能或扩大创新投资，64.71%的被访公司还表达了创新消费新业态的强烈意愿。针对拟建的一批高能级功能性平台，跨国公司也尤为关注，其中以"重点领域产业研发和转化功能平台"为最，其次为"消费平台和流通中心"（见图6）。

（三）跨国公司普遍重视规则和法律的制定

在引领区文件提出的"构建高标准国际化的经贸规则体系"中，"投资自由化便利化"、"市场公平竞争"、"知识产权保护"和"外资准入"这四项最为被访公司所看重（见图7）。调查还显示，被访公司对于在浦东新区行

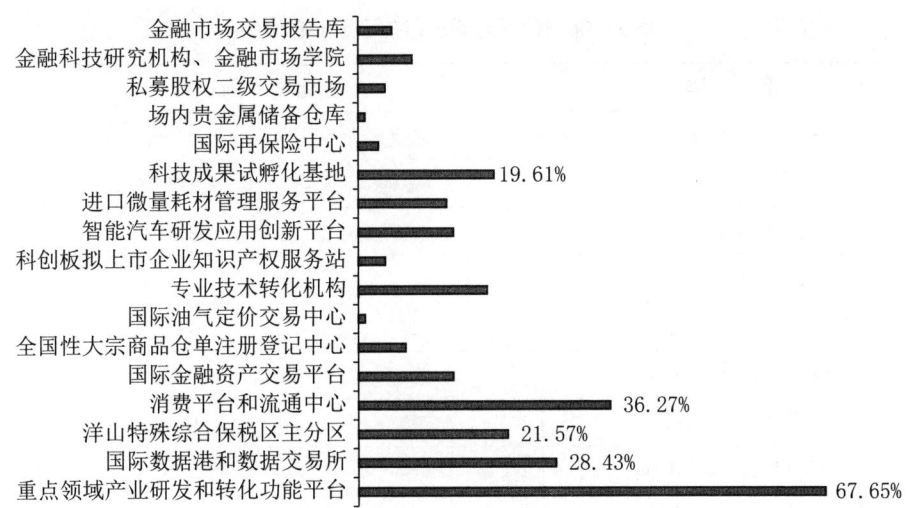

图6 被访公司对高能级功能性平台的关注情况

使相当于经济特区的立法权充满期待，尤其对"改革创新立法""营商环境立法""市场经济立法"的期待度最高。

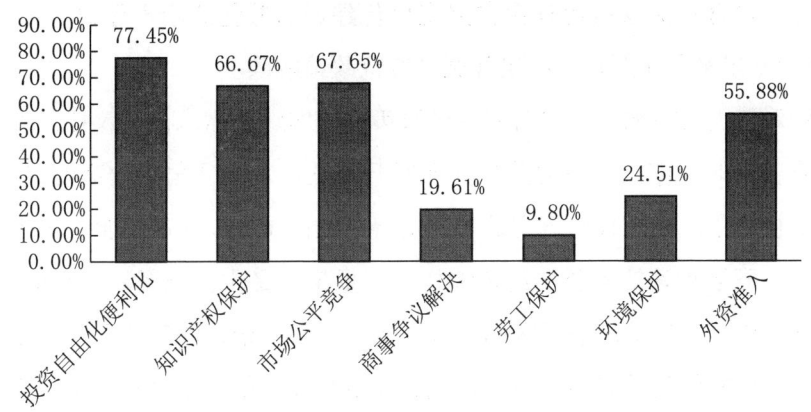

图7 被访公司对构建高标准经贸规则着力点的认识

（四）跨国公司认为浦东应着力克服的不足

对照引领区定位，被访公司浦东客观上还存在一些不足之处，主要集中在"商务成本过高"（55.88%）、"政策落实不足"（39.22%）、"创新活力不足"（22.55%）、"与国际经贸规则对接不足"（21.57%）（见表2）。

表2 被访公司对浦东存在不足的看法

选项	比例
缺乏本土头部企业	17.65%
创新活力不足	22.55%
商务成本过高	55.88%
区内企业有所流失	7.84%
多中心结构发展不平衡	14.71%
城乡发展不协调	9.8%
要素资源约束	15.69%
营商环境有待加强	16.67%
政策落实不足	39.22%
与国际经贸规则对接不足	21.57%
其他	2.94%

三、对浦东加快打造社会主义现代化建设引领区的若干建议

(一) 丰富多元形式，尽快开展全方位政策解读

针对跨国公司地区总部对引领区政策解读的迫切需求，建议抓住引领区密集宣传的时间窗口，高度重视并抓紧开展立足企业视角的政策解读工作。一是加快转化，打破政府行文框架，围绕产业、企业、税制等企业思维和运作维度，开展政策的重新梳理和编排，能量化则量化、能图表化则图表化。二是国际化，尽快推出引领区相关政策的英、日、德、法等多语种版本，并形成引领区文件及后续浦东新区法规的同步翻译机制。三是多元化，充分发挥市、区两级外商投资企业协会贴近外资外企的优势，与政府部门合作，开展权威的政策宣介；重视麦肯锡、普华永道、凯捷等跨国市场咨询机构的作用，鼓励其面向全球企业网络推送引领区政策信息。四是主动化，依托现有的总部机构沟通机制，主动、及时和定期向跨国公司各类总部精准推送引领区政策，召开外资企业特别是总部机构与政府部门座谈交流会，形成良性正

向互动。

(二)精准对接需求,促进跨国公司在沪能级提升

针对跨国公司抓住引领区建设机遇实现更大发展的期待,建议乘势而上,加快细化并落实引领区相关政策,实现在沪跨国公司能级的再提升。一是加速开展高水平制度型开放试点。对标《全面与进步跨太平洋伙伴关系协定》(CPTPP)、对接《区域全面经济伙伴关系协定》(RCEP)和中欧投资协定(CAI),争取在投资准入、货物和服务贸易、数字经济、知识产权保护、争端解决等领域全面开展压力测试,为外资发展创造更大空间。二是充分用好税收等特殊政策。通过落实相关产业的企业所得税和个人所得税政策、公司型创投企业所得税优惠政策、研发机构进口自用设备免征进口环节税、离岸业务发展税收政策等,将政策优惠转化为功能优势,推动跨国公司提升在沪地区总部能级,将更多亚太区乃至全球性功能放在浦东和上海。三是打造更好的营商综合环境。依托引领区在人才、服务业开放、消费促进和城市治理等方面的部署,打造以人为中心、更富有竞争力和吸引力的综合环境体系,便于总部经济所需的更高能级要素加速汇聚引领区。

(三)推动跨界交流,激发外资生态系统效应

立足浦东即将推进的全球营运商、全球机构投资者集聚、全球消费品牌集聚、国际经济组织集聚等六大行动计划,以引领区打造为契机,以总部生态圈构建为抓手,真正实现浦东外资总部经济从集聚向扎根跃升。一方面,深化跨国公司总部之间的赋能协作。通过举办总部跨界合作机遇分享会、公司主题日探访活动、行业领袖峰会和CEO论坛等形式,推动总部企业在拓展大客户渠道、链接产业链上下游、推广创新解决方案和促进可持续发展等方面相互高水平赋能,市场共拓、资源共享、创新协同、能链共用,让跨国公司总部在引领区看得到市场、找得到同伴、寻得到帮助,形成生态圈。另一方面,以生态系统打造强化集聚和扎根效应。打造"浦东总部经济生

态圈",强化体制、机制、平台和品牌建设,以生态系统的"自循环"驱动"外循环",持续吸纳全球范围内的资源要素、机构和平台并扎根引领区,释放对浦东六大行动计划和开放型经济建设的战略支撑作用。

后 记

回答时代之问、实践之惑,是智库的天然使命。为了回应浦东开发开放对思想支撑的迫切需求,上海市浦东改革与发展研究院(中国(上海)自由贸易试验区研究院)(以下简称"浦东改发院")于1993年成立[1],并在这一伟大历程中留下了独特而浓墨重彩的一笔。浦东三十余年富有创造性的伟大实践,也滋养了智库研究。浦东改发院逐渐成长为上海智库之林中少有的以浦东为主要研究对象的特色一员。

2020年11月12日,习近平总书记在浦东开发开放30周年庆祝大会上的讲话中指出,党中央正在研究制定《关于支持浦东新区高水平改革开放 打造社会主义现代化建设引领区的意见》。这是国家赋予浦东的新重大使命和历史责任。浦东改发院应声而动,围绕引领区进行系列部署,开展专项研究。同时,徐建承担了2021年度上海市人民政府决策咨询研究重点课题——浦东新区打造社会主义现代化建设引领区的推进路径研究。在上海浦东外商投资企业协会大力协助下,浦东改发院还面向落户浦东的跨国公司,开展了针对引领区认知评价的问卷调查。基于这些研究基础,最终形成了本书。本书并非对引领区宏大篇章的系统性论述,也不致力于在《中共中央 国务院关于支持浦东新区高水平改革开放打造社会主义现代化建设引领区的意见》正式公布仅一年左右即匆下定论,书中的观点和论断难免有疏漏和值得商榷之处,我们真诚欢迎各界的批评和指正。需要指出的是,书中的对策建议都是研究中得出的,并不代表政府决策和政策宣示。并且,由于研

---

[1] 2015年,经批准,加挂"中国(上海)自由贸易试验区研究院"牌子。

究工作的时滞和引领区建设的突飞猛进，一些观点和论断较之最新政策表述会有差异，也请读者理解。

本书所有章节中，第一、二章主要由徐建执笔，第三章主要由张波、徐建、游德才执笔，第四章主要由徐建、仉晓光、刘子源执笔，第五章主要由徐建、张波执笔，第六章主要由徐建等执笔，第七章主要由徐建、游德才、张俊远执笔。

纪慰华、傅奕玮等也承担了本书个别章节相关内容的研究写作，刘斌、陈谻文、齐逸云、杨思翰、吴志强，以及曾经在浦东改发院工作过的王凯民、施俊峰、林艳玲、倪煜棋，还有浦东区委组织部的范俊等同志，复旦大学实习生仇钰蓉，也对本书报告和浦东相关研究做出过贡献。这本书最终能面世，离不开上海市哲学社会科学规划办公室对上海智库发展坚定有力的扶持，也离不开上海人民出版社王吟女士细致入微的编校，我们感念不已。

思想是时代的先导。上海市第十二次党代会报告提出，上海要着眼全局、敢为先锋、勇于探路，先行探索社会主义现代化的路径和规律，率先应对前进道路上的风险和挑战，生动演绎中国式现代化的内涵和特征，努力贡献更多的上海智慧和上海方案。作为社会主义现代化建设引领区，浦东无疑要成为中国式现代化的生动样本，但这注定是一个不断回答时代之问、破解现代化难题的长期过程。从这个意义上讲，本书仅是一个阶段性的成果展示，是逗号而非句号。

时代向前，智不能滞。我们定然更努力！

2022 年 7 月

图书在版编目(CIP)数据

中国式现代化的浦东样本:打造社会主义现代化建设引领区/徐建等著. —上海:上海人民出版社，2022
（上海智库报告）
ISBN 978-7-208-17919-6

Ⅰ.①中… Ⅱ.①徐… Ⅲ.①社会主义建设-现代化建设-研究-浦东新区 Ⅳ.①D675.13

中国版本图书馆 CIP 数据核字(2022)第 165999 号

责任编辑　王　吟
封面设计　今亮后声

上海智库报告

中国式现代化的浦东样本
—— 打造社会主义现代化建设引领区

徐　建　等著

出　　版	上海人民出版社
	(201101　上海市闵行区号景路159弄C座)
发　　行	上海人民出版社发行中心
印　　刷	常熟市新骅印刷有限公司
开　　本	720×1000　1/16
印　　张	14.5
插　　页	2
字　　数	193,000
版　　次	2022年10月第1版
印　　次	2022年10月第1次印刷

ISBN 978-7-208-17919-6/D·4003
定　　价　65.00元